世界一ラクなお金の増やし方

＃インデックス投資はじめました

投資ブロガー
NightWalker

ぱる出版

はじめに……いつのまにかお金が増えていました

「最近、パフォーマンスが落ちてるよね」

２０１５年の春。年に一度の上司との面談は、そんなひと言から始まったのでした。一瞬にして空気は読め、すぐにピンときました。

「早期優遇退職制度の話なんだが……」

私も管理職ではあったので、当然、そのシステムがどう言うものかは知っています。いろいろ説明しようとする上司に「みなまで言うな」オーラを出して話を切りました。上司には申し訳なかったですが、長々と話をすることがめんどくさかったからです。

「パフォーマンスが落ちている」その指摘は、理解できました。50歳を超えてから、急に仕事に対するやる気をなくしていましたから。

「お話はわかりました」

含みを持たせ、その場を去る私。心の中は、ハムレット。残るべきか残らざるべきか。
でも、面談場所から自席に戻るまでのわずかな時間に、あることを思いつきました。

そうだ！ アーリーリタイアしちゃおう

早期退職勧奨というと、50代の衰えゆくおじさんがひゅうううっと木枯らしが吹く中、コートを着てさびしそうに歩くようなイメージもあります。私もまさにそういう状況になってしまったのですが、幸いなことに私には結構まとまったお金がありました。**この10年くらいたんたんと運用してきたインデックス投資で、収入ナシでも10年は生活できる資産を形成できていた**のです。その後、冷静に年金のことなど色々と計算した結果「あ、やっぱりなんとかなっちゃうな」と判断。こうして、にわかハムレットはあっという間に幕を閉じ、ケッコーお気楽に会社を去ることにしたのです。

インデックス投資は忙しいサラリーマンなどに超オススメ

はじめまして。私は投資ブログ「NightWalkers Investment Blog」を2005年から運営するNightWalker（ナイトウォーカー）と申します。本書は、インデックス投資を中心とした長期的なお金の増やし方について書いた本です。この本を手に取った人は、投資に興味を持っているけど一歩を踏み出せない、そんな人が多いと思います。

多くの人は、「投資で一攫千金、億万長者になる」というようなだいそれた目標は持っていないはず。漠然と将来のお金が不安で、「老後の資金作りのために、少しずつでもお金を増やしていきたい」といったささやかな願望をお持ちのはずです。

そんな庶民の資産形成にもっとも適した方法がインデックス投資です。インデックスファンドをつみたてで購入するだけというとてもラクにお金を増やす方法なんです。

「インデックス投資って何」というのは本編に譲るとして、ここではインデックス投資の特長を３つ挙げてみましょう。

①手間いらず

とにかくラクです。企業分析だの、社会分析だのは一切必要としません。ネット証券でインデックスファンドを購入して、あとは長く保有するだけでお金が増えます。

②低コスト

１００円から買えます。ウソじゃございません。販売会社にもよりますが、インデックスファンドなどの投資信託なら１００円から購入することが可能です。

③ローリスク

リスクがないわけではありません。ただ株式投資と聞いて、多くの方が想像する「トヨタの株を１００株買う」「ソニーの株を２００株買う」といった個別株投資に比べたら断然ローリスクです。

お金を増やすためにあなたがやることは、インデックスファンドを買って、持つだけ。ホントーにこれだけなのです。

プロ投資家にだって勝てるインデックス投資

「そんなラクな方法でお金が増えると言っても、定期預金みたいに年利0・01%とかそんなもんでしょ」。そう思ったあなた。違うんです。実は本書でご紹介する「インデックスファンドを買って持ってるだけの長期投資」は、投資のプロにだって負けないリターンを生み出す大きなパワーを秘めているのです。

投資信託には、インデックスファンドの他に投資のプロが好成績を狙って運用するアクティブファンドというのがあります。両者の平均リターンをここ10年間（〜2018年3月）の年率リターンで調べてみました。アクティブファンドというのは、ファンドマネジャーと呼ばれるプロの投資家が、企業だの社会だのチャートだの色々な分析をして利益を狙う投資信託です。みなさんが「投資」と聞いて、想像するのはこのアクティブ投資だと思います。

左図のとおりどちらのファンドも、それなりのリターンが出ていますね。ただビックリするのが、**インデックスファンドの成績の方が良い**ことです。この試算の場合、外国株式にいたっては、インデックスファンド約6%、アクティブファンド約3%とダブルス

プロ投資家にだって勝てるインデックス投資

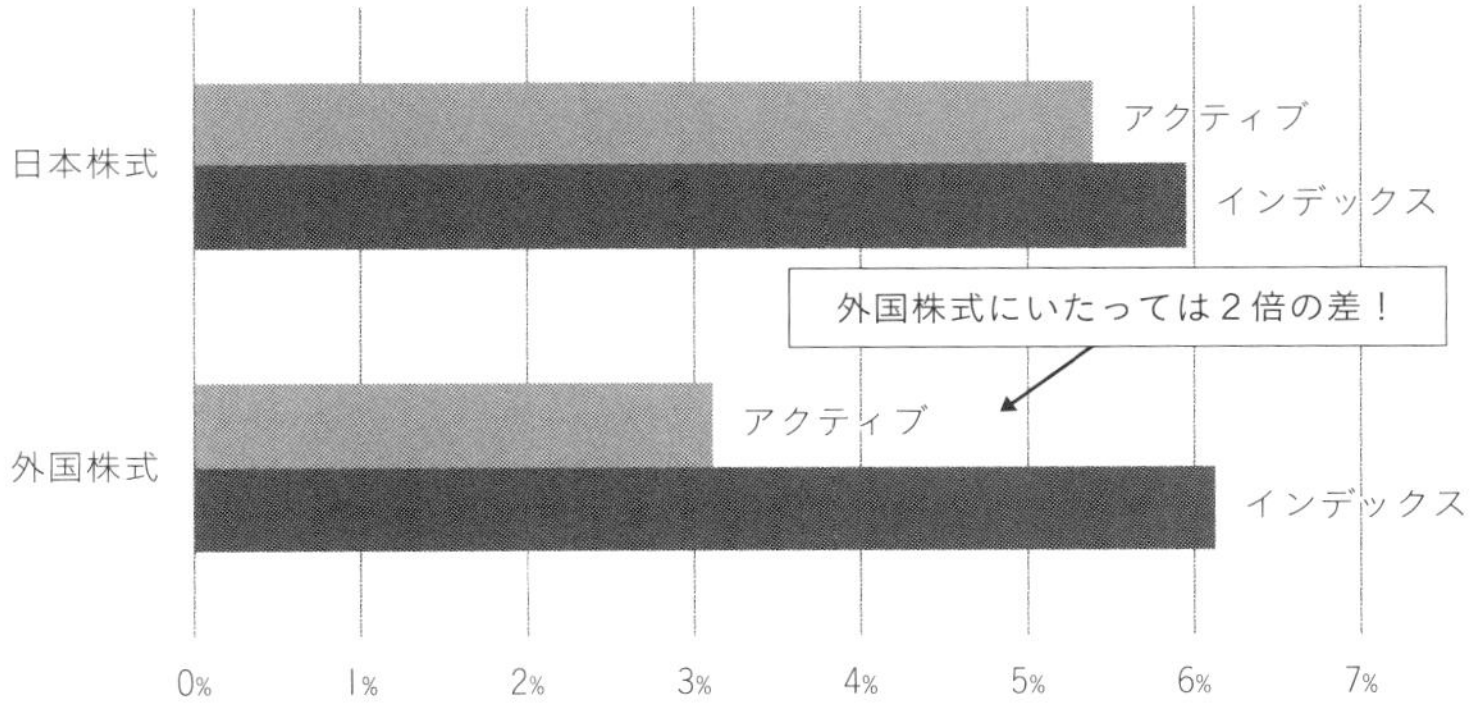

(出所) モーニングスターにて筆者調べ
日本株式は、大型グロースまたは大型ブレンド、インデックスはＴＯＰＩＸ、日経平均株価、外国株式は、国際株式・グローバル除く日本

コアで勝利しています。「間違いじゃないの？」と思う方もいらっしゃるかもしれませんが、このデータだけでなくインデックスファンドの優位性を示す資料はたくさんあります。短期ではアクティブファンドが強い時期もあるのですが、こと長期の運用になるとインデックスファンドがたいてい勝利するのです。

ちなみに、米国にウォーレン・バフェットという世界一のアクティブ投資家がいらっしゃいますが、自分の奥様に「自分の死後はＳ＆Ｐ５００インデックスファンド（米国に広く投資する株式指数）で運用するように」と伝えているそうです。**世界一のアクティブ投資家からも、インデックス投資は評価されている**のです。

サクッとノーベル賞級の投資！

このようにインデックスファンドは持っているだけで、**投資のど素人でもプロ投資家に勝てる可能性が高い**のです。……うまい。うますぎる話です。ウソじゃないの？　と思った人もいるでしょう。しかし、インデックス投資はウソどころか「現代ポートフォリオ理論（4章詳述）」というノーベル経済学賞の理論に裏打ちされた由緒正しき投資法なのです。インデックス投資をやることは現代経済学の英知を、サクッと手軽に実践すること。

そんなオイシイ投資法、やらないほうがもったいないと思いませんか？

インデックス投資を始めるのは常に「今」

インデックス投資をはじめるみなさんにとって、今は追い風が吹いています。2章に詳しく書いておりますが、2018年から「つみたてNISA」というかなりおトクな制度がはじまり、国を挙げてインデックス投資を中心とした長期投資を支援しようとしています。この**「つみたてNISA」**の**登場で、日本のインデックス投資環境はほぼ完成形とな**

りました。日本のインデックス投資黎明期《れいめいき》に私が味わったような試行錯誤《しこうさくご》や右往左往《うおうさおう》は、もはや必要ありません。誰もが手軽にスタートでき、そしてお金を増やすことができます。

特にあなたが20～40代ならゼッタイ始めるべきです。「え～、でも日経平均って株高ってるしなー」なんて思ったあなた。それはちょっと違います。３章で詳述しますが、長期投資にタイミングなどあまり関係なく、早く始めれば始めただけ有利に運用できるのです。

投資のど素人にこそオススメ

お金だけで幸せになることはできませんが、お金があると人生の岐路《きろ》に立たされたとき選択肢が増えます。私はアーリーリタイアのためにインデックス投資を始めたわけではありません。でも、早期退職を勧められたとき、インデックス投資をしていて本当に良かったと思いました。お金があったおかげで私は自由と時間を買えました。お金がなく「会社に残る」あるいは「お金のために慣れない仕事をする」と言う選択肢しかなかったら、私の人生の幸せ度は大きく低下していたに違いありません。

お金があると人生の変化に柔軟に対応できます。投資は、そんな**ささやかな幸せを作るための有力な手段**なのです。

「投資ってなんかうさんくさいから嫌い」
「勉強するのメンドくさい」
「っていうか、忙しい」
「でも、将来のお金はすごく不安」

そう言う方にこそ、本書はオススメです。本書を読めば、インデックス投資の「始め方」「続け方」から「終わらせ方」まで一通りわかるようになっています。むずかしい理論ではなく、普通のサラリーマンだった私の長期投資の経験から得た、実践的ノウハウを詰め込みました。5章では、長期投資成功のカギを握る暴落への対処法について一章まるまる使ってお話しししています。長期投資の終わらせ方、いわゆる出口戦略について、実際にアーリーリタイアした私の視点で説明しているのも本書の大きな特徴です。（6章〜7章）

この本が、あなたの資産形成の一助になるなら、著者としてこんなにうれしいことはありません。

contents

はじめに…いつのまにかお金が増えていました

序章 そしてインデックスファンドが残った

サラリーマンには投資信託しかない 20

現代ポートフォリオ理論を体現したバンガード

時間がない庶民は長期的にお金を増やすべき 22

第1章 そもそもインデックス投資って何？

投資信託の要点だけカンタンにまとめてみた 26

「インデックス投資って何？」をひと言で言い表すと… 29

国内最大のインデックス投資家とは

長期保有向けのファンド 3つの条件 32

①遠い未来も、その商品が存続している ②分散投資をしている ③低コストな商品である

第2章

インデックス投資の4大メリット　46
①銘柄選択から解放される　②カンタンに及第点の投資ができる　③金融リテラシーを身に付けるきっかけになる　④投資プロセスがとてもカンタン

「つみたてNISA」で超おトクに始めよう

これから始めるなら「つみたてNISA」しかない！　50
最大800万円まで非課税
ネット証券、ネット銀行を1口座ずつ開設　54
SBI証券と楽天証券がオススメの理由／ネット銀行も開設しておくとおトク／ネット系金融機関の思わぬ効用
自分はどれくらいのリスクを取るのか？　を考える　57
リスク資産をどのくらいの割合にするか／「つみたて投資」をしながら自分を知ろう／生活防衛資金を別にしておく
ファンドの選び方・組み合わせ方の要点だけ紹介　62

第3章

インデックスファンドを買おう／基本の資産配分は全世界／初心者が選ぶべき指数は3つだけ／実現するための組合せ方は3パターン／自分好みに修正する／配当込み指数を買おう／保有コストと実績で選ぶ

さあ、「つみたて」を始めよう！…ん、まだ始めたくない？ 69

つみたてNISA Q&A 71

「長期投資に出遅れナシ」っていうコレだけの理由

長期投資はいつ始めてもよいのです！ 76

「アベノミクスに乗り遅れてしまった人」たちへ／株価の動きはプロにもわからない／「東京五輪の後に長期投資を始める」がオススメできない理由／「つみたて投資」なら黙っていても「買い場」に出会う／「高値で始めたら損」の誤解／何回でも言います！ 長期投資を始めるとき、それは常に「今」

第4章

ど素人でもお金が育つ運用のツボ

「となりの人」はもう始めているかもしれない？　88
いきなりほぼ完成形の日本のインデックス投資環境／iDeCoとNISAは、なぜ生まれたか？／「となりの人」は始めていても言わないだけ

お金が育つ理由①本業の稼ぎに集中できるから　96
投資に時間をかけないことで好循環が生まれる

お金が育つ理由②株式は勝手に成長するから　98
企業の利益が増えるから株式資産は育つ／人間の「儲けたい一心」により継続的に増えていく／インデックス投資とは、市場全体の利益増大を願う投資／「儲けよう」ではなく、「育てよう」

お金が育つ理由③複利の力を利用するから　107
月3万円の「つみたて」で1000万？／お金が育つ枠組みを考える

アセットアロケーション（資産配分）は「取れるリスク」から考える　111
リスク資産と無リスク資産の比率を考える

インデックス投資の土台になった現代ポートフォリオ理論 113
ポイント①標準偏差　ポイント②期待リターンに期待しない　ポイント③分散効果を高める組合せ
ベストな分散法で最適にリスクを下げる 122
債券購入は貯金でも代替できる／為替リスクはある程度許容する
リバランスで超シンプルにリスク管理 127
リバランスって何？／リスク資産が増えた場合／リスク資産が減った場合／リバランスの発動条件
バランスファンドを買えば「リバランス不要」は間違い 133
5～10年に1度は、自分のリスク耐性の変化も考える／リスク＝損することではない

第5章 暴落を利益に変えるシンプルなリスク管理法

ある日、市場はクラッシュする！ 138
危機は突然あさっての方向からやってくる

悲しみに暮れる前に必ずするべき4つのこと 140
①とりあえず「休む」 ②ポートフォリオのリスク資産比率をチェック ③スポット買いの誘惑に耐える ④自分のリスク許容度を振り返る
暴落をやり過ごす7つの智恵 148
①分散投資 ②つみたて投資 ③キャッシュポジション ④少額投資 ⑤配当金への着眼 ⑥ゴールの遠さを想像 ⑦お金のことを話せる仲間
無敵のポートフォリオを作成する二つのコツ 155
①リスクを上げながら考える ②リスクを下げながら考える
私が暴落をやり過ごせた3つの要因 157

第6章 アーリーリタイアする時チェックしたこと

アーリーリタイアを決断した3つの理由 160
①死ぬまで生きる算段が付いた ②母親の介護の心配が出てきた ③その会社での私の使命は終わった
3つのシンプルな判断基準 164

①年金は足りるか ②生活費は足りるか ③老後の運用資産は確保できるか

再就職から完全アーリーリタイアへ 173
アーリーリタイア＝仕事を辞める、ではない！／長く働いていると目に見えない疲労もある／アーリーリタイアしても働いている

インデックス投資×アーリーリタイア×自由 178
アーリーリタイアは究極の自己責任

第7章 世界一カンタン ゆるトク出口戦略

ユルいけど正しい出口戦略 184
出口戦略は出口が近くなったら考えればよい／実はそんなに心配ではない老後

資産の使い方 3つの極意 187
①出口が近付いたら資産配分を見直す ②資産のリスク許容度を一定に保つ ③基本は、定率で取り崩す

取り崩し始めた年に大暴落が起きたらどうするの？ 191
結局、資産形成時代と同じ

と偉そうに言いつつ、私はそこまでカッチリやってません 195
一生カウチポテト仮説／私の取り崩しは配当金重視型
まったくの「ほったらかし」はありえない 201
出口戦略の根幹は金融リテラシー
おわりに…インデックス投資をブレずに続けるコツ

カバーデザイン：安賀裕子
カバーイラスト：空罐王（canking）
プロフィールイラスト：ますい画伯（www.masuitousi.com）

序章

そして
インデックスファンドが残った

さて本題に入る前に、ちょっとだけ年寄りの、いや、仙人（私は投信ブロガーの間ではそう言う愛称をいただいています）の思い出話にお付き合い下さい。

サラリーマンには投資信託しかない

時は、ＩＴバブル華やかりし２０００年にさかのぼります。当時できたてほやほやのネット証券があまりにも面白そうで、いても立ってもいられなくなった私は、すぐに口座を開設し、個別株投資を始めました。というか、それ以外の投資方法を知りませんでした。

しかし、いざ始めて見ると、銘柄選択は面白いのですが、時間がかかる上、あれこれと迷ったあげく、うまく選べなかったりもしました。また、個別株は購入単位も大きくお金がかかるため、資金の少ない一介のサラリーマンとしては、そうそう自由には買えません。そして、いざ買ってみても値上がり値下がりに一喜一憂し、ついつい仕事中も株のことを考えてしまうようになりました。

サラリーマンの資産形成に個別株投資は向いていなさそうだ…。

そんなあきらめに近い思いを持っていたある日、「投資信託（ファンド）」という言葉に出会ったのです。「投資信託」とは、少額からいろいろな投資先に投資できる金融商品のこと。その存在を知った私は、ドルコスト（毎月定額を買い付ける投資法）でつみたて投資を開始することにしたのでした。

・少額からたくさんの投資先に投資できる
・銘柄選択はお任せ

以上のような特長を持ち、個別銘柄投資のデメリットをカバーできる投資信託。当然のように私は投資信託にシフトしました。しかしです。「じゃ、何を買おうか？」となると最初は見当も付きません。投資信託にも色々な商品があるのです。

現代ポートフォリオ理論を体現したバンガード

そんなとき、とあるネット証券でバンガードという米国にある世界トップクラスの運用会社に出会ったのです。同社のボーグルさんという人は、現代ポートフォリオ理論を実践する商品、すなわちインデックスファンドを作りました。そして、インデックス投資には次のような素晴らしい特長があることがわかりました。

- **分散投資**（投資先を効率よく分散する）
- **ローコスト**（投資にコストをかけない）
- **長期保有**（単に持ち続けるだけ）

資産形成にはこれだけでいい。これが最良の投資法。そして、この投資法は、超カンタン。**できるだけ低コストのインデックスファンドを買って持ち続けるだけでいい**というのです。

時間がない庶民は長期的にお金を増やすべき

株式投資の方法は、大きく分けると、短期のトレーディングと長期投資の二つがあります。

短期のトレーディングとは、短期間に個別株の取引きを繰り返して、利ざやを稼いでいく方法です。個別株の銘柄選択をして、市場の価格を読みながら、百戦錬磨《ひゃくせんれんま》の市場参加者と戦い続ける必要があります。

しかもこの作戦を実行するには、勉強修行も必要です。また必ずしも勉強したからと言って勝てるわけでもありません。そもそも、忙しいサラリーマンには時間がありません。**そんな時間があったら「もっと別なことをしたい」というのが普通の人**だと思います。

一方、バンガード社が提唱するような長期投資は、株式の自己成長力に期待して、株式を保有して、長期的な利益を享受しようというものです。カンタンにいうと、**「よい会社は株価の上下があっても、右肩上がりの上下だから、ずっと持っておけば増えちゃうよね」**というものです。銘柄選択は運用会社にお任せ。買ったあとは保有しているだけ。これなら、忙しい人でもカンタンに実行でき、経済の成長の恩恵を受けられそうです。

投資信託はインデックスファンド以外にもたくさんあり、投資を始めた当初は、私もいろいろな商品を買っていました。しかし、**長期投資をしていくうちに私の手元に残ったのは、インデックスファンドばかりになった**のです。

なぜ、インデックスファンドだけが残ったか

その理由は、本書をお読みいただいていくうちにわかると思います。本書では、リタイアに向けた資産形成など長期の資産運用にフォーカスして、庶民目線、サラリーマン目線に立って、できるだけわかりやすくホンネのインデックス投資の話をしていきます。

第1章

そもそも
インデックス投資って何？

投資信託の要点だけカンタンにまとめてみた

本章ではインデックスファンドについて説明します。しかしその前に投資信託について、カンタンにふれておきたいと思います。インデックスファンドは投資信託の一種だからです。投資信託の仕組みの要点をカンタンにまとめるとこうなります。

・運用の専門家（運用会社）が、投資家から、資金を集める。
・運用会社は、集めた資金をいろいろなところへ投資する。
・個人投資家は、少額でいろいろな投資をすることができるようになる。

まさに庶民に向けたありがたい商品なのです。そして、インデックスファンドも投資信託の一種です。投資信託のメリットについて、いくつか、例をあげて説明してみましょう。

株式を購入するには、株式市場で日々取引されている会社の株（銘柄）を買わなければいけません。株式の売買単位（単元株）は、通常１００株とか、１０００株です。たとえば、

少額投資も可能にしている投資信託の仕組み

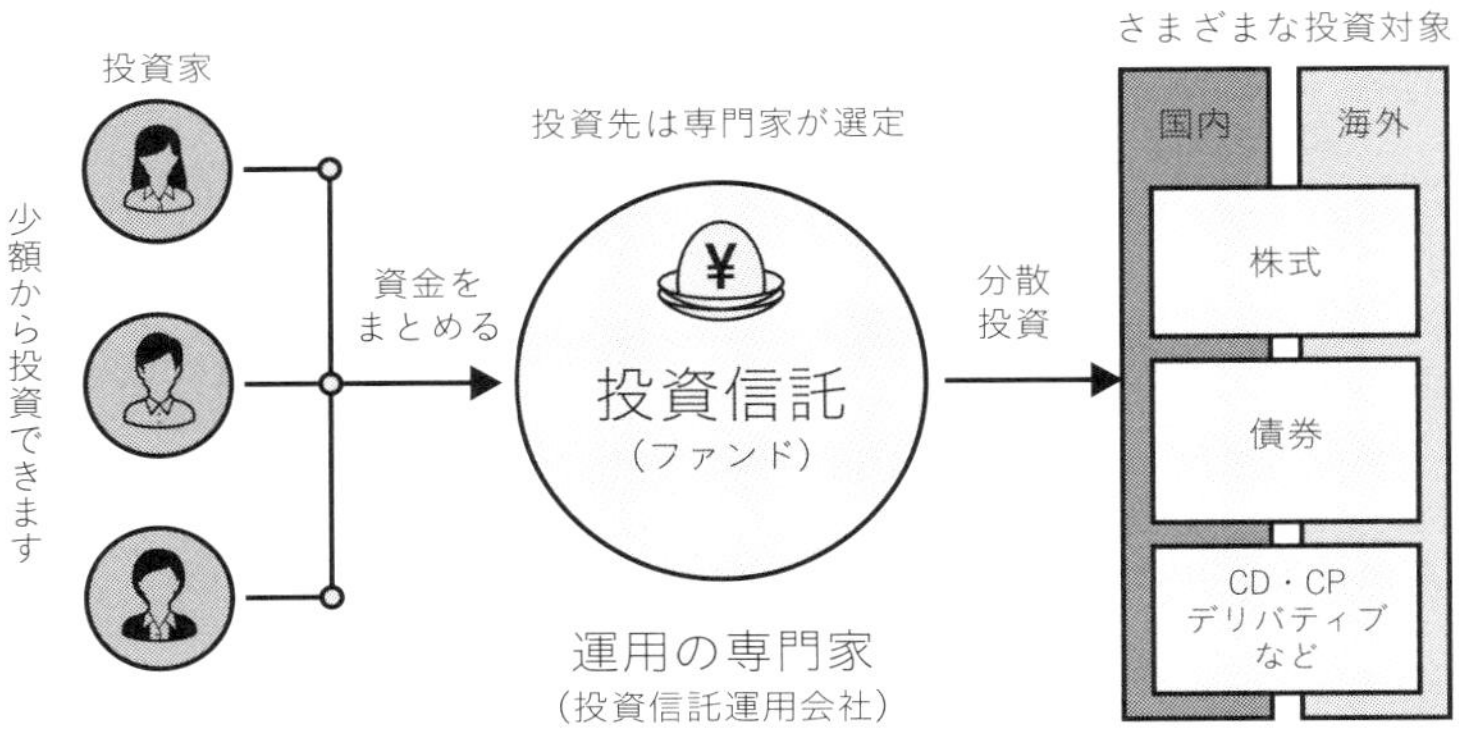

一般社団法人投資信託協会のウェブサイトを参考に作成
https://www.toushin.or.jp/investmenttrust/about/scheme/

株価5000円のA社の売買単位が、100株だった場合、50万円必要になります。

1社買うだけでも大変なのですが、株式を1社しか買わないのは、いかにも危険です。もし、その会社の経営がおかしくなったり倒産してしまった場合、どうなるのでしょうか。そう思うと複数の会社の株を買っておいた方が安心ですよね。しかし、実際に個別株で分散投資をしようとすると、ものすごく大きなお金が必要になってしまいます。

ところが、**投資信託は少額でもたくさんの会社に投資することができます。**

相互補完により投資家の財産は守られる

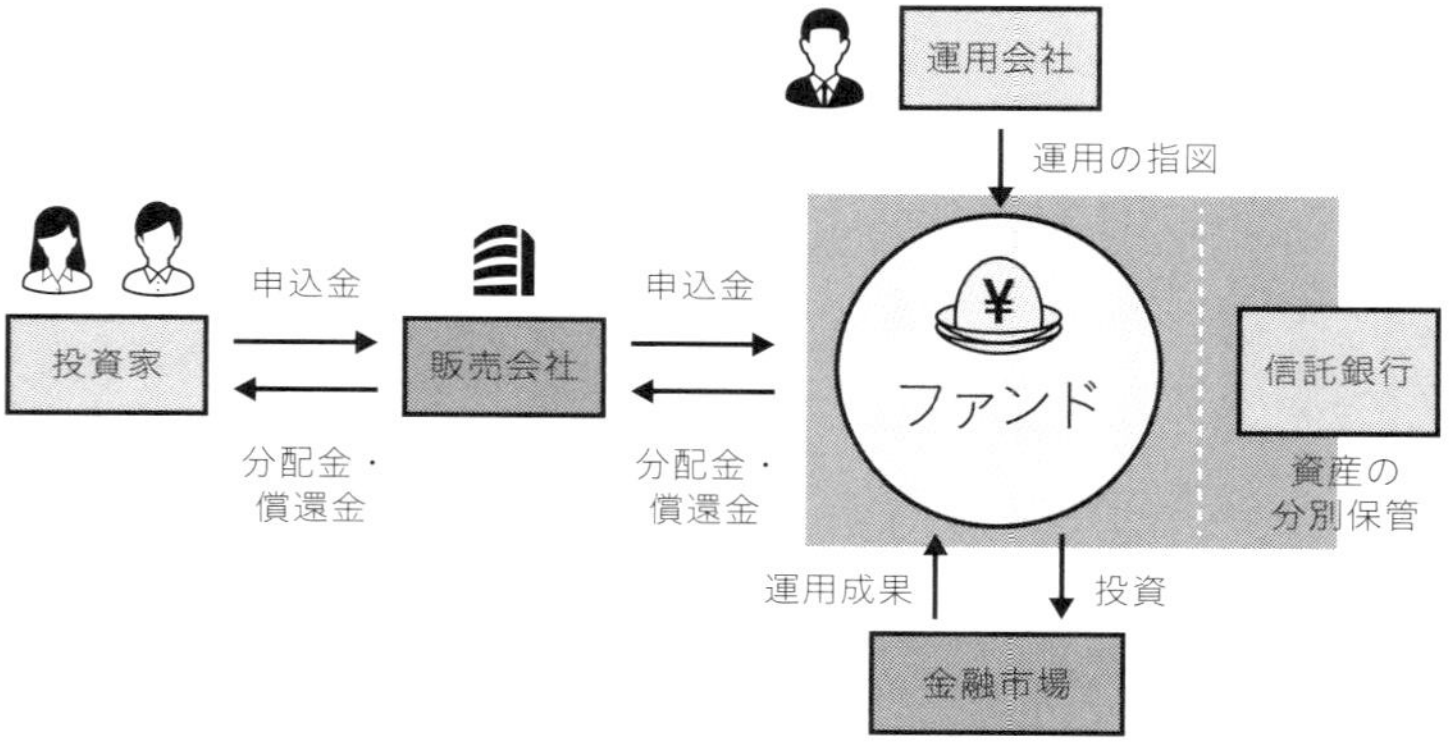

一般社団法人投資信託協会のウェブサイトを参考に作成
https://www.toushin.or.jp/investmenttrust/about/scheme/

また、あなたが、これから成長すると期待している東南アジアの国々に分散投資をしたいと考えたとします。どうやったら、投資できるでしょうか。まずは、その国の口座を開いて・・・？どうやってやったら良いか、私も見当すら付きません。

でも投資信託なら、その購入のための困難は運用会社やその先にある委託先が解決してくれます。そして少額でも、たくさんの国や会社に投資することができるようになるのです。

この仕組みは大変良くできていて、投資家の保護の面でもしっかり考えられていて安心です。投資信託を運営するステークホルダーには、次の3つがあって相互に補完する仕掛け（右図）なのです。

①投資家に投資信託を販売する「販売会社」
②投資信託の運用を行う「運用会社」
③資産を分別管理している「信託銀行」

そもそも、「販売会社」や「運用会社」は資産本体の管理自体をしていませんし、「信託銀行」も、分別管理といって、投資家の財産を信託銀行自身の財産とは別に保管管理しています。つまり、この3つのステークホルダーのどこかが経営破綻をしたとしても、投資信託を構成する証券は残り、**投資家の財産がしっかり守られる仕組み**になっているのです。

「インデックス投資って何？」をひと言で言い表すと・・・

さて、インデックス投資って何でしょうか。答えはずばり、インデックスファンドを買うことです。インデックスファンドとは、よく新聞やテレビで聞く日経平均株価やＴＯＰ

世界にはいろいろな株価指数がある

分類		指数の例
日本株式		TOPIX
		日経平均株価
		JPX日経インデックス400
海外株式	全世界	MSCI ACWI Index
		FTSE Global All Cap Index
	全世界（除く日本）	MSCI ACWI Index（Ex.Japan）
	先進国（除く日本）	MSCI World Index（MSCIコクサイ・インデックス）
		FTSE Developed All Cap Index
	米国	S&P500
		CRSP U.S. Total Market Index
	新興国	MSCI Emerging Markets Index
		FTSE Emerging Index
		FTSE RAFI Emerging Index

ＩＸ（東証株価指数）というような株価指数と同じ動きをする投資信託（ファンド）のことです。もちろん、海外の株価に連動する指数もあります。

株価指数に連動して、株価指数が上がればファンドの価額（ファンドのお値段のことを価額といいます）も上がり、株価指数が下がればファンドの価額も下がります。上図は２０１８年からスタートした「つみたてＮＩＳＡ制度（２章詳細）」に登録されている株価指数からの抜粋です。証券会社や銀行では、これらの指数

GPIF の基本ポートフォリオ【～平成 26 年（上）・平成 26 年～（下）】

		国内債券	国内株式	外国債券	外国株式	短期資産
基本ポートフォリオ	資産構成割合	67%	11%	8%	9%	5%
	乖離許容幅	±8%	±6%	±5%	±5%	-

国内債券	国内株式	外国債券	外国株式
35%	25%	15%	25%

に連動するインデックスファンドが売られていて、好みに応じたファンドを買うことができます。

国内最大のインデックス投資家とは

国民の年金もインデックス投資で運用されています。日本国内最大規模のインデックス投資家と言えるのが、ＧＰＩＦ（年金積立金管理運用独立行政法人）です。その名の通り、国民の年金を管理運用しているところです。

平成29年第３四半期の年金運用額は、なんと１６３兆円。運用益は累計で69兆円。国民の年金という責任ある資金であることを踏まえてリスクを抑えながらの運用であるにもかかわらず、リーマンショックを挟む15年以上の期間の収益率は実に年３・39％。かなりの長期間に渡って堅調に推移し、今のところ将来への備えの年金資産は減るどころか増えているのです。そして、ＧＰＩＦが採用している主な運用手法こそが、インデックス投資なのです。前ページ図のとおり、ＧＰＩＦのポートフォリオ（投資先の組合せのこと）のすごいところは、かなり昔から、外国株式を資産の中にきちんと組み込んでいたことです。世界分散型の投資をしていたのですね。

ＧＰＩＦは、インデックス投資をすべきサラリーマンの資産形成方法のお手本の一つです。インデックス投資は、大金持ちになれるような爆発的な運用こそできないものの、銀行預金よりはるかにましな運用益を得てきた、という一つの成功事例でもあります。

長期保有向けのファンド３つの条件

長期間投資を続けるためには、あたりまえですが、長期投資に向いた投資対象に投資するべきです。長期投資向けの商品に必要な要件は、３つあります。

①遠い未来も、その商品（ないしは代替商品が）存続している
②分散投資をしている
③低コストな商品である

以上の３つです。

①遠い未来も、その商品が存続している

日本には投資信託が５０００本以上もあります。この中からたとえば20年後、どのくらいの商品が生き残ることができるのでしょうか？　過去どうだったかを調べてみると、運用期間20年以上のファンドで現在も容易に取引が可能なファンドは80本程度でした。30年以上運用している投資信託に至っては10本程度しかないのです。日本のファンドが、５０００本以上もあるのにです。（モーニングスターの検索機能で筆者調べ）

つまり**投資信託が１００本あって、１本、生き残るか生き残らないか、という確率**です。２０００年からかれこれ20年近くなる私の投資経験からも、このことは実感できます。長期投資志向であった私でも、投資信託の長期保有はなかなか難しいものでした。難しかった理由は、大きく二つあります。

一つは、保有していた投資信託が償還《しょうかん》されてしまったというケース。こちらの意思とは関係なくファンドがなくなっちゃうんですね。もう一つが、いつまで待っても投資信託の方針やスペックが改善されず、過去は良いと思っていたんだけれど、「なんかおかしいな」と思うようになってしまったケースです。

投資信託を保有し続けるのは案外難しい

「償還」というのは、投資信託がなくなってしまうことです。売れなくなったとか、多くの人が手放したとか、パフォーマンスが悪化したとか、もろもろの理由で運用会社が売るのをやめちゃうことがあります。そして、なくなってしまっては、持っていたくても保有できません。資産がゼロになるわけではありませんが、その時の時価で強制的に売却と言うことになります。ＮＩＳＡのような非課税制度を利用している場合、その分の非課税枠も失ってしまいます。

また、それ以外にも長期保有には多くのハードルがあります。

・運用方針が時代遅れのものとなった。
・ファンドマネジャーの変更で運用方針が、当初とは変わってしまう。
・投資信託が成長しても、コストが高いまま。

特にコストは、世の中のコスト水準が変わっても容易に下がりません。自分が保有している投資信託の人気が出てある程度規模が大きくなったら、投資信託の保有者は「利益を還元して欲しい」「コストを下げて欲しい」と思いますよね。しかし、ほとんどの投資信託は、これまで、信託報酬を値下げすることはありませんでした。最近では、低コストの投資信託も増えてきましたが、この場合も既存の商品のスペックを改善すれば良いのに、新しい投資信託を設定しちゃうのです。これでは、ずっと持ち続けていたその投資信託の熱心な保有者は報われません。

したがって、その投資信託をそれ以上買うのは止めて、新しいファンドに乗り換えるしかなくなります。すると、元々のファンドは資産が伸び悩み、下手をすると償還の憂き目に遭うという悪循環です。

同じ投資信託を保有し続けるのは案外難しいことなのです。しかし、インデックスファンドは、単に株価指数に連動する投資信託です。**メジャーな株価指数であれば、仮に償還があったとしてもカンタンに代替ファンドを見つけることができます**。同じ指数に連動するファンドに乗り換えてしまえば良いのです。

これが、アクティブファンド（いろいろな運用方法を駆使して収益をより増やそうとする投資信託）だとそうはいきません。アクティブファンドというのは、いわば一品もの。ファンドマネジャー（ファンドの運用している人）によって、その手法は千差万別です。このため、自分の選んだアクティブファンドを何らかの理由で手放さなくてはならなくなったとき、代替商品を選びにくいのです。

また、アクティブファンドや個別銘柄を使った長期投資の場合、単に保有しているだけでは安心して保有できません。投資先のアクティブファンドなり銘柄の状況をしっかり見極め続けなければいけません。

これは、投資の醍醐味の一つでもあるわけですが、投資を楽しむと言うより「資産形成のための運用を考えていて、できればほったらかしにしたい」と考えている人には、この手間暇が、大きな負担となってしまうのです。

②分散投資をしている

１９９０年代、日本株だけが低調で、世界は好調だったという時代がありました。当時、日本の庶民は世界に投資する手段も智恵もなく、ただただ日本経済の低迷の影響だけを受けてしまうことになりました。その残念な時代の体験もあって、**日本だけではなく世界へも分散して投資することが必須**であると多くの人が思うようになりました。

この面でも、インデックスファンドは優れています。インデックスファンドの中には、世界へ投資するタイプのものもたくさんあります。海外投資は一般的に多くのコストを伴うものですが、インデックスファンドであれば低コストで実現することができるのです。

そもそもインデックスファンドの場合、投資先である株価指数自体が、市場にあるいろんな銘柄に分散されています。基本となる株価指数は、市場の全銘柄に各銘柄の時価総額の比で投資する組合せです。インデックスファンドを一本持つだけで、市場全体に分散することができるようになるのです。

ところで、分散って何のためにするのでしょうか。それは、ずばりリスクの低減です。

「リスク＝変動率」

「リスク」という言葉は、日常生活では、「危ない」というニュアンスで使われることが多いですが、金融の世界ではちょっと意味合いが違います。「危険」という文脈で使われもしますが、多くの場合、価額や株価の「変動率」の意味で使われます。ここでは「価格の変動率」という意味で捉えてください。

分散の話で、よく登場するのが、「一つの籠《かご》に卵を盛るな」という相場格言です。これは、複数の籠に卵を別々に盛っておけば、仮に一つの籠を落として卵を割っても、その他には影響が及ばないということで、分散効果の一つのたとえとして使われる慣用表現です。たとえば、卵が10個あって、一つの籠に入れていた場合、籠が落ちて卵が全部割れちゃうと、価値は10から、いきなりゼロです。しかし、10の籠にそれぞれ1個ずつ入れていれば、一つの籠が落ちたとしても、価値は10から9の低下ですむというわけです。

リスクは資産をむしばむ

リスクが、なぜ資産運用に悪影響を与えるのかについて、イメージをつかんでもらうために、カンタンなモデルを使って説明したいと思います。ある投資信託があったとします。そして、ある年のその投資信託の基準価額が1万円だったとします。次の年、20％値下がりしたとします。すると、

１万×（１−20％）＝８０００

になります。次の年、今度は、20％値上がりしたとします。するとどうなるか？　1万円に戻る？　違うんです。

８０００×（１＋20％）＝９６００

元には戻らないのです。減るのです。期待リターンがゼロの仮想資産が、リスク10％、20％、30％で変化し続けた場合のイメージを書いてみました。

-10％→+10％→-10％→+10％→…
-20％→+20％→-20％→+20％→…
-30％→+30％→-30％→+30％→…

リスクが高いほど下落のスピードも高まる

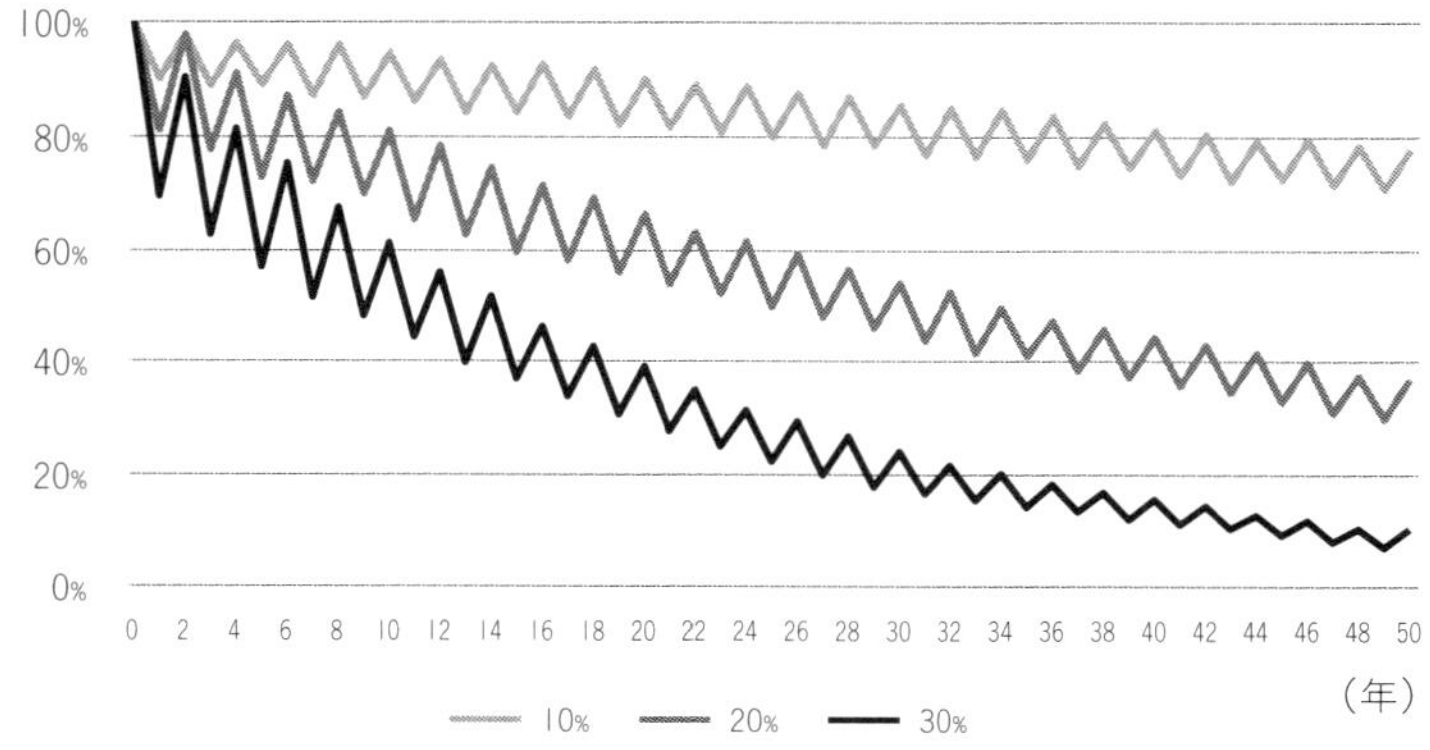

の３パターンです。上図のとおり「ギザギザカーブ」を描いてどんどん、減って行くのがわかると思います。変動がプラスにもマイナスにも同じ確率で発生したとすると、トントンになるどころか資産にマイナスの影響を及ぼしてしまうのです。変動が大きいほど、マイナスの影響が大きいこともわかります。この「ギザギザカーブ」（リスク）こそが曲者で、長期投資、最大の難敵です。

また、「ギザギザカーブ」は、長期投資家に与える心理的圧迫ともなります。というか、こっちの方が大きいです。たとえばリスクは、値上がりしたときはプラスに作用することもあります。しかし、こういう「行け行けドンドン」の状態であるときほど、リスクがマイナスに作用したとき（値下がりしたとき）には、一気に心が折れちゃうのです。ロデオで馬に乗って、ゆり落とされるが如く、マーケットの舞台から落ちてしまうわけです。

ギザギザカーブの揺れ幅は小さく

株のようにリスクを持った資産を「リスク資産」と呼びます。ここで、リスク資産に関して、覚えておいた方が良さそうなことを整理します。

・リスク資産は、ギザギザカーブ（リスク）を描きながら成長する。
・ギザギザカーブは、資産成長の妨げになってしまうことがある。
・ギザギザカーブは、長期投資の継続に心理的な悪影響も与える。

つまり、**ギザギザカーブの振れ幅を小さくすることがとても大切なんですね**。

これから何度も書いていきますが、長期投資は続けなくては意味がありません。保有し続けないとお金を増やせる可能性がとても低くなるので、リスクとはうまくつきあっていく必要があります。長期投資を続けるには、リスク低減が大切なファクターなのです。

そして、そのリスク低減の主力となる方法が分散投資です。投資信託は基本的に多くの銘柄に分散投資されていますが、その中でもインデックスファンドは、理論に裏付けられた合理的な分散投資を実現することができます。

③低コストな商品である

長期投資に向いた商品の第一条件としてあげられるのが、低コストです。コストの面でも、インデックスファンドは優れた商品です。

投資信託には、信託報酬という保有しているだけでかかるコストがあります。要はランニングコストです。これが長期投資においては、大きな足かせになります。信託報酬率が年1％だったとすると、期待リターンが年5％の投資対象があったとしても、実際のリターンは年4％に減っちゃいます。もしも、いまや金利ゼロの銀行預金に毎年1％の口座維持手数料がかかったとしたら、だれが銀行にお金を預けるでしょうか？　投資信託は値動きがあるため、その**コストがパッと見にはわからなくなっているの**で、やっかいなので

長期になるほどコストは資産をむしばんでいく

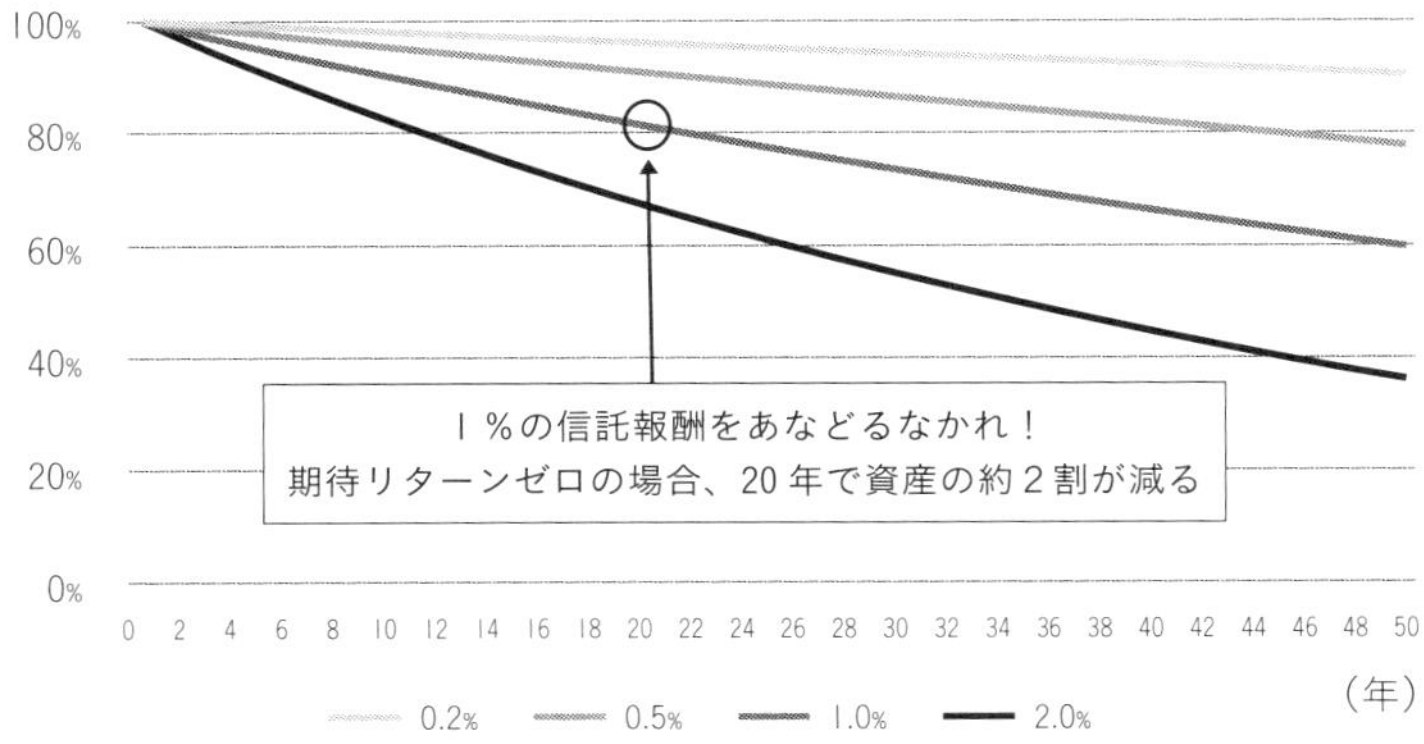

す。期待リターンがゼロ（預金で言えば、金利ゼロ）の商品があったとして、保有コストによってどのくらい自分のお金が減っていくのか、図にしてみましょう。

横軸は年数ですが、ドンドン減って行くのがわかると思います。信託報酬率が1%だと、20年で8割近くまで下がってしまいます。一般的な投資信託の信託報酬率は、年1%を超えるものが多いですが、**インデックスファンドは、いまや年0・1%から0・2%程度のものが主力**になっています。一ケタ違うのです。ここは、インデックスファンドの圧倒的に強いところです。

商品を提供する側には、正直、長期投

資には不向きな商品、つまりコストの高い商品を売る傾向があります。低コストは、我々投資家からすると利益ですが、売る側からすると儲けが少なくなるので、証券会社はコストの高い方をどうしても売りたくなってしまうのですね。お互いの利益が相反するのです。

「その他のコスト」って何？

投資信託のコストは、けっこう複雑ですので、表にしてまとめておきます。この表の中に、ちょっとわかりにくいものとして「その他のコスト」というのがあります。

信託報酬は、あくまで金融機関の労力に対する対価です。それ以外にも、投資信託を運用しているとかかる実費みたいなものがあります。それが「その他のコスト」です。実費なので実際に運用してみないと、いくらかかるかわかりません。投資信託は、運用の決算（多くは1年）ごとに運用報告書というのを出すのですが、そこに書いてあります。

投信ブロガーの間では**「信託報酬」**と**「その他のコスト」**を合わせて**「実質コスト」**と呼んでいたりします。また、**こっそり大きな費用がかかるので「隠れコスト」などと呼ばれたりもします**。

投資信託のコストの種類

コストの種類	コストの名前	コメント
買うときにかかるコスト	購入手数料	最近はノーロード(手数料なし)が増えている。
持っているだけでかかるコスト	信託報酬	投資信託を運営するためのコスト
	その他のコスト	「売買手数料」「有価証券取引税」「保管費用」など、運用上の実費に相当するもの
売るときにかかるコスト	信託財産留保額	ファンドを売却することでファンドの保有者に発生する損失に対するペナルティ

このように、投資信託のコスト構造は複雑です。始めて見た人には、何のことかさっぱりわからないかもしれません。初めはわからなくてもよいので、「いろいろなコストがかかっている」とザックリ覚えておいて、**うっかり高いコストの投資信託を買ってしまわないようにしてください。**

さて、これまで述べてきた長期投資にインデックスファンドが向いている3つの理由を次ページにまとめておきます。

①インデックスへの投資は、永続性が高い。

仮に投資先のファンドが償還になっても代替ファンドはすぐ見つかる。

②インデックスファンドは、カンタンに分散投資ができる。

株価指数自体が合理的な分散になっているため、自動的に最適な分散投資になる。

③インデックスファンドは、保有コストが安い。

アクティブファンドに比べるとコストが安く設定されていることが多い。

インデックス投資の4大メリット

インデックスファンドには他にもメリットがありますので、一気にまとめておきます。

①銘柄選択から解放される

インデックスファンドは、なにがしかの銘柄選択のルールに基づいて選んだいろいろな会社の詰め合わせセットです。インデックス投資をする人は、「何を詰め合わせるか」を悩むのではなく、「どの詰め合わせセットを組み合わせるか」を悩むわけです。この方が、断然ラクですよね。たとえば、「世界中に何千、何万もある会社からどこを選ぶか？」ではなく、「どの国を買うか」とか「ええい、まとめて世界を買っちゃえっ」とか「どういう性質の会社を買うか」という、ざっくりとした分類の中での選択あるいはその組合せとなります。

また、インデックス投資の背景にある理論では、「**合理的なポートフォリオ（投資先の組み合せ）は、たった一つしか存在しない。それは市場をまるごと買うこと**」ということになっています。この考え方を採用するのであれば、買うべき詰め合わせセットはたったの1種類でいいことになります。超ラクチンです。

②カンタンに及第点の投資ができる

もし、お手本としたいポートフォリオがあるなら、それと同じ資産の配分でインデックスファンドを買うだけです。前述のようにたとえば「市場まるごとセット」は、ノーベル賞級の理論的な背景があります。インデックスファンドを買うことで、いわばノーベル賞級の投資を実現できちゃうのです。

③金融リテラシーを身に付けるきっかけになる

カンタンとは言ってもインデックス投資も株式投資の一つです。ファンドを買うことで急に経済のことが気になったりするものです。新聞の経済欄を読むにしても、会社でビジネスの話をするにしても、家計の心配をするにしても、株式投資をする前とは違った見え方が出てくるでしょう。私自身も、投資がきっかけとなって理解できるようになったことが多々あります。

④投資プロセスがとてもカンタン

（1）余裕資金を作る（収入−支出をプラスにする）
（2）リスク資産に回せるお金を決める
（3）資産配分と商品を決める。
（4）買う（つみたてがオススメ）
（5）持つ（たまには見てみる）
（6）使う

アウトラインは単純で運用中にすることはあまりなく、後は、会社に行って働くだけ。これが、（1）の余裕資金を作るというところにフィードバックされるという好循環が生まれます。

第2章

「つみたてNISA」で超おトクに始めよう

これから始めるなら「つみたてNISA」しかない！

インデックス投資は、始めるときもとてもカンタンです。**証券口座を開設し、インデックスファンドの自動積立設定をする。以上、終了。**基本は、たったこれだけです。

後は、年に1度程度、カンタンなメインテナンスをして、お金が必要になったら使えばいいわけです。引落しは自動なので、いったん設定するとほとんど何もしなくていいので忘れるくらいです。いや、むしろ忘れてしまった方が良いくらいなのです。日々の株価の変動に心をわずらわせなくてすむからです。

インデックス投資のスターターキットとしてオススメなのが、2018年から始まった「つみたてNISA制度」です。これを始めるだけで、自動的にほぼ完成形のインデックス投資が実現できてしまいます。多くの初心者のみなさんにこのつみたてNISAはオススメできます。口座を開設したら、まず、つみたてNISAの手続きをしておくとよいでしょう。

「つみたてＮＩＳＡ制度」の特徴は以下の通りです。
・対象商品は長期投資向け。（結果的に、**ほとんどがインデックスファンド**）
・ほとんどの商品が**ローコストで良質**。
・非課税枠が、**20年分 × 年当たり40万円＝８００万円分**ある。
・投資の仕方は、積立に限定。

つみたてＮＩＳＡは、特に少額からの長期積立分散投資を支援するための非課税制度として、金融庁が主導して立ち上げた制度です。非課税期間20年×年40万、最大８００万円まで非課税で投資をすることができます。

この制度は、びっくりするほど、個人投資家、ことにインデックス投資家に寄り添った内容になっています。つみたてＮＩＳＡの概要をＰ53の表にまとめました。

最大８００万円まで非課税

つみたてＮＩＳＡは、最大８００万円までの非課税枠があります。毎年40万円（非課税期間20年間）の積立枠が20回分（20年分）あるという構造です。金融庁では、つみたてＮＩＳＡの普及に向けて極めて精力的に活動しており、つみたてＮＩＳＡ専用の特設サイトも作っています。非常に良くできたサイトですので、ぜひ参照してみてください。（http://www.fsa.go.jp/policy/nisa2/about/tsumitate/）

また、長期投資の大敵である投資信託のコストについても、金融庁では、つみたてＮＩＳＡでは、以下のようなガイドラインを決めました。

・**販売手数料はゼロ**（ノーロード）
・**信託報酬は一定水準以下**（国内株のインデックス投信の場合0・5％以下）に限定
・顧客に対して、その顧客が過去1年間に負担した**信託報酬の概算金額を通知**

特に最後の「信託報酬の概算金額の通知」は、けっこうすごい話です。通常は、投資信託の基準価額の中に含まれ、運用報告書をよく読まない限りわからなくなっている信託報酬。それを「年に一度は保有者一人一人に**金額で報告しろ**」というわけですから。

つみたてＮＩＳＡの非課税枠の構造

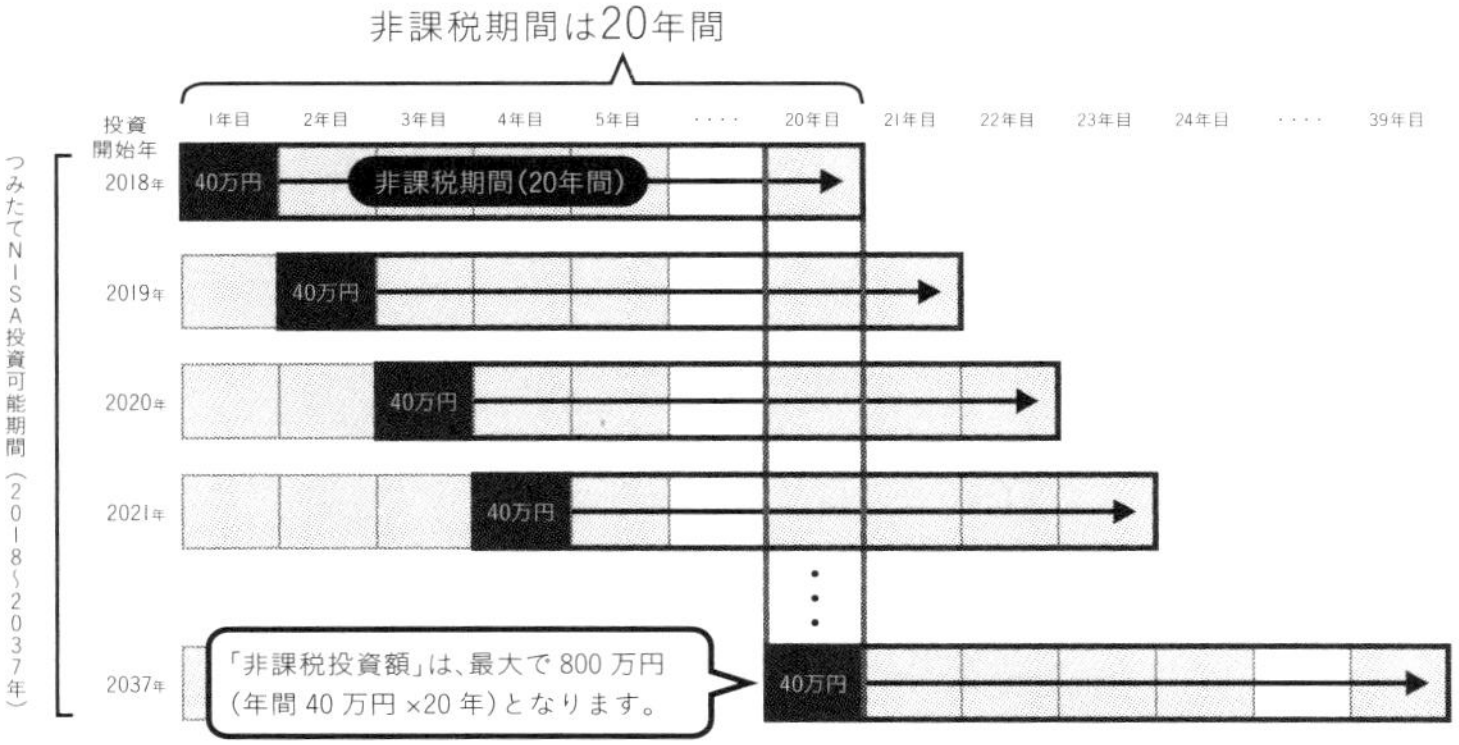

金融庁　NISA特設ウェブサイトを参考に作成
https://www.fsa.go.jp/policy/nisa2/about/tsumitate/overview/index.html

つみたてＮＩＳＡの概要

利用できる人	日本在住の20歳以上
非課税対象	投資信託への投資から得られる分配金や譲渡益
口座開設可能数	1人1口座
非課税投資枠	新規投資額で毎年40万円が上限 （非課税投資枠は20年間で最大800万円）
非課税期間	最長20年間
投資可能期間	2018年～2037年
投資対象商品	147本(2018年4月13日現在) 指定インデックス投資信託　128本 指定インデックス投資信託以外の投資信託 （アクティブ運用投信等）16本 上場株式投資信託（ETF）3本

ネット証券、ネット銀行を1口座ずつ開設

本書をお読みの方の中には、「そもそもどこで買えば良いの?」という方もいらっしゃると思います。

インデックスファンドは、いろいろなところで買えます。証券会社だけではなく、銀行でも買えます。ただし、オススメできる購入場所は、そんなに多くありません。私の2018年現在の結論は、以下の通りです。

(1) SBI証券か楽天証券に口座を開設する。
(2) できれば、住信SBIネット銀行か楽天銀行を開設しておく。

証券会社の口座を1口座、ネット銀行を1口座開設しておけば十分です。

SBI証券と楽天証券がオススメの理由

ネット証券は、SBI証券または楽天証券を選んでおけば、現時点では問題ないと思います。ネット証券の利点は、商品の品揃えが豊富で、よほどマニアックなものでない限り購入可能であること、手数料が安いこと、です。ただしこれは、ネット証券はみんなそうだと言われればそうですし、最近では大手証券会社もネットサービスを展開してきています。

両社をオススメする一番の理由は、経営のスピード感です。個人向けの最新のサービス動向に対して、必ずといって良いほど最速で対応してきます。両社が事実上、個人向け証券サービスのリーダーシップを取っています。他社も追従はしてくるのですが、出遅れることが多いようです。

ネット銀行も開設しておくとおトク

これは、必須ではないのですが、ネット銀行を併せて開設しておくこともオススメします。生活の多くのシーンで登場するようになった電子取引をするときにも便利ですし、S

ＢＩ証券と住信ＳＢＩネット銀行、楽天証券と楽天銀行を組み合わせると、待機資金を連携できたり、ネット銀行の金利が優遇されたりして、うれしいことが多いのです。

ただし、ネット銀行にも限界があります。それは、決済に使えないケースがあることです。たとえば、給与振り込み、税金の支払いなどです。ですので、一行は普通の銀行口座も開設しておく必要があります。もちろん、本書を読んでいらっしゃる多くの方は、すでに銀行口座をお持ちでしょうから、不要な心配かもしれません。

ネット系金融機関の思わぬ効用

私が、ネット証券やネット銀行などのネット系金融機関に感じている一番のメリット、それは「商品勧誘の電話がかかってこない」ことです。

かつて、給与振込口座を普通の銀行にしていたころは、たまに普通じゃない商品（「仕組み預金」など）の勧誘を受けておりました。しかし、当時勤めていた会社の給与振込口座がネット銀行でも大丈夫になり切り換えた途端、ぴたりと勧誘の電話はなくなりました。

ネット証券に対して、「どうも信用できない」という人もいますが、今やネット証券は長い歴史を持ち、実績も伴っています。また前章で述べたとおり、個人が保有する証券は分別管理によって保全されています。万が一のことがあっても、心配はありません。いずれにしても、**金融口座は最小限**にしましょう。口座が多すぎると管理が大変になるからです。

自分はどれくらいのリスクを取るのか？を考える

さて、ネット証券に口座を開設すれば、準備万端です。後は買うだけです。買うだけなんですが、まずやっておくことがあります。それが資産運用の設計です。

・自分の資産をどのような性格のものにしたいか。
・それは、どのような資産で成り立つのか。
・そして、どんな商品を買うべきなのか。

資産配分を考え、ポートフォリオ（投資先の組み合せ）を考えるのですが、最初の段階でいきなりそこまで考えきるのは、率直に言って難しいと思います。

詳しくは、4章に書きますが、**投資を始める段階で、最低限、考えておくべきこともあります。それが、リスク資産の割合**です。まず、自分がいくら金融資産を持っているか、棚卸しをしてください。全財産です。私もそうでしたが、案外、全財産がいくらか把握できていないものです。

リスク資産をどのくらいの割合にするか

全金融資産が把握できたところで、次にその中で、どのくらいリスク資産（インデックスファンドなど）に回すか考えます。一時的な損失に自分がどの程度耐えられそうか、リスク資産が、半分に減ったとき、どのくらいなら辛抱できるか？　と考えてみるのです。

たとえば、全金融資産が200万円あったとして、そのうちの半分である50％、100万円をリスク資産に投資しているとします。そして、この100万円が、株の暴落で50万円になったとします。すると、200万円の全財産は、150万円になります。そして、このときが、折悪しく、車の買い換え時期で、頭金が100万円必要だったとします。あるいは、突然失職してしまったとします。

そのとき、あなたは、耐えられるでしょうか？　耐えられないなら、それはあなたにとってリスク資産が多すぎたということです。収入力（貯金余力）、支出予定、自分自身の危機に対する耐性などを勘案して導き出した結論が、「リスク許容度」と言われるものです。そして重要なのは**金額だけではなく、リスク資産の比率で把握すること**です。たとえば、リスク資産の比率を全財産の20％にする、というようにです。

「つみたて投資」をしながら自分を知ろう

考えるべきパラメータは、たくさんあります。自分自身の危機に対する心の耐性もわかっているようでわかっていません。自信過剰かもしれないし、臆病過ぎるのかもしれない。自分を知るのは、ものすごく難しいのです。**私も自分のリスク許容度がわかるのに投資を始めてから、10年くらいかかりました**。気の弱い人だと投資を始められなくなってしまう危険性があります。

でもそんなに心配はいりません。全く考えないのでは危なすぎますが、私が本書でオススメしている「つみたて投資」はリスクを少しずつ取れるのがメリットです。**リスク許容**

度については、少しずつ考えれば良いのです。

たとえば、先の例で金融資産200万円（全部普通の貯金）だった人が、月3万円蓄財する余力があって、月1万円インデックスファンドを積み立て、月2万円貯金することにしたとします。すると、1年後には、

・普通の貯金200万円→224万円
・インデックスファンド0円→12万円

合計236万円。インデックスファンドは、全体の中では、約5％です。それほど増えるわけでもありません。やっているうちに、これでは遅いと思ったらピッチを上げても良いわけです。

最初の段階では、「リスク許容度ってこんな風にのんびり考えてもいいんだな」くらいでいいのではないでしょうか。つみたてながら、自分を知ればよいのです。このくらいの**のんびりした投資の方が長続きしやすい**、というのが私の考えです。

生活防衛資金を別にしておく

いくら投資できるかと言うことを考えるときに良く登場する考え方が「生活防衛資金」です。いざというときのための資金や近い将来出費がわかっている資金を、投資の対象から除外して考えるアプローチです。

たとえば、こんなものがあります。

・仕事を辞めることになった
・大きな病気になってしまった
・車や教育資金など近い将来の確定した出費

これらを除いた残りでリスク資産の運用比率を考えるわけです。考え方がすっきりしていますし、より安全志向であるとも言えます。

ファンドの選び方・組み合わせ方の要点だけ紹介

さて、後は、何を買うかを決めないといけません。投資信託は山ほどありますが、本書でオススメするのはインデックス投資です。インデックスファンドを買いましょう。

インデックスファンドを買おう

株価指数に投資する商品には、インデックスファンド（投資信託）以外にもＥＴＦというものがあります。ＥＴＦは日本語では「上場投資信託」という名前が付いています。その名の通り、証券市場に上場している個別株式と同様に市場で取引するものです。

ただし、１００円単位の積立てはできませんし、多くの場合は売買手数料もかかります。何より本章で積極的にオススメしているつみたてＮＩＳＡでは、選択肢が3本しかありません（２０１８年5月現在）。ですので、インデックスファンド（投資信託）が、つみたて投資のほぼ唯一の選択肢になります。

基本の資産配分は全世界

インデックス投資の場合、理論上の基本があります。それは、「最適に分散された唯一のリスク資産のポートフォリオを無リスク資産と組み合わせて保有する」ことです。この「最適に分散された唯一のリスク資産のポートフォリオ」とは全世界を投資対象としたとき、世界の株式市場の縮小コピーになります。これがインデックス投資のバックボーンとなる、現代ポートフォリオ理論やCAPMと言われるノーベル賞を受賞した理論の結論なのです。

この世界の株式市場の縮小コピーのことを、本書では「世界市場ポートフォリオ」と呼ぶことにします。「世界市場ポートフォリオ」は、全世界の株式会社を時価総額の比率で分散させることで実現することができます。

初心者が選ぶべき指数は3つだけ

インデックスファンドもいろいろあるのですが、初心者が買うべき株価指数は、そんなにあるわけではありません。基本は、次の3つだけと覚えてください。

(1)日本株式に連動する指数
(2)先進国株式に連動する指数
(3)新興国株式に連動する指数

あとは、この組合せです。

(4)全世界株式に連動する指数(1)+(2)+(3)
(5)外国株式に連動する指数(2)+(3)

これらの指数に連動するインデックスファンドを使って、世界市場ポートフォリオを実現すればいいわけです。

実現するための組合せ方は3パターン

基本となる「世界市場ポートフォリオ」ですが、現時点での実現の仕方は3つあります。

(1) 全世界株式を1本の投資信託で買う。

(2) 日本株式と外国株式の2本の投資信託で買う。

（世界市場ポートフォリオの実現のためには、10%：90%くらいの割合で買う）

(3) 日本株式と先進国株式と新興国株式の3本の投資信託で買う。

（世界市場ポートフォリオの実現のためには、10%：80%：10%くらいの割合で買う）

ファンドのコストなどを見ながら、好きなパターンを使いましょう。ご参考に次ページに世界市場を構成する「地域別シェア」「国別シェア」を示します。これを見ながら世界分散の姿をイメージしてみてください。

自分好みに修正する

実は、**ポートフォリオには正解はありません**。「世界市場ポートフォリオ」はあくまで基本。あとは、好みに合わせてモディファイ（修正）していけば良いと思います。モディファイの考え方の例としては以下のようなものがあります。

世界分散をイメージしてみよう

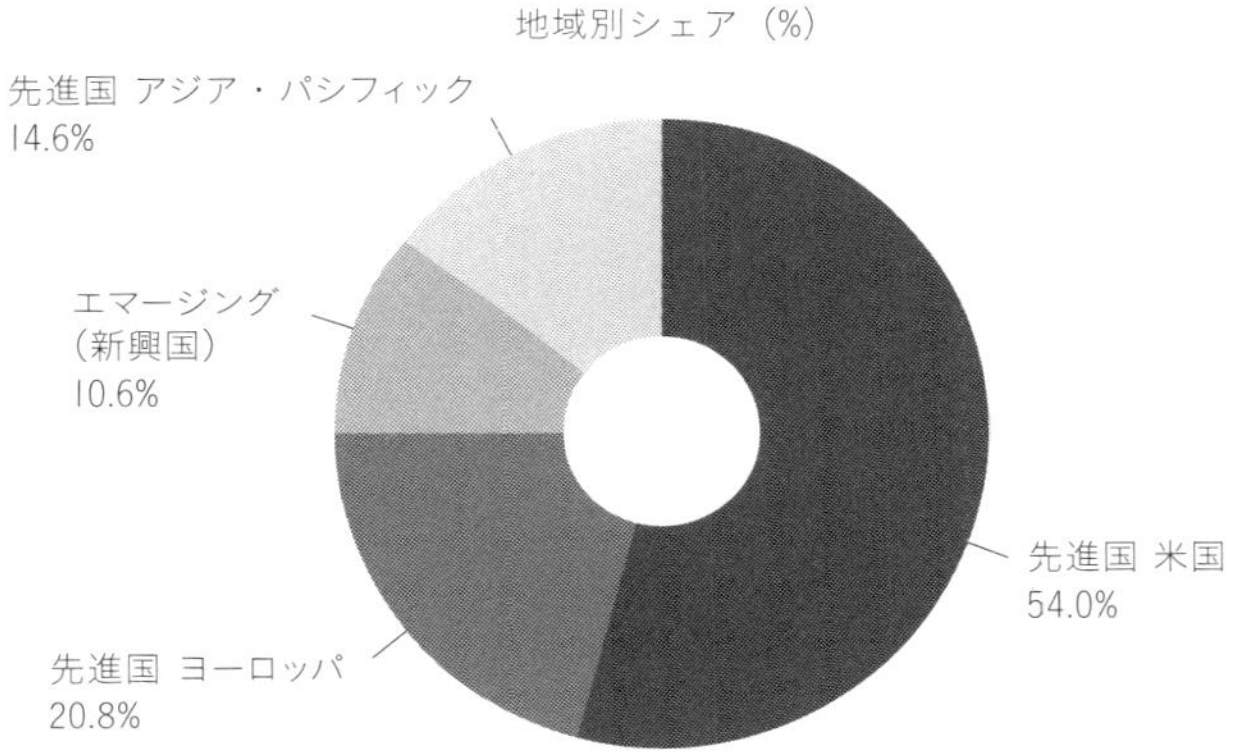

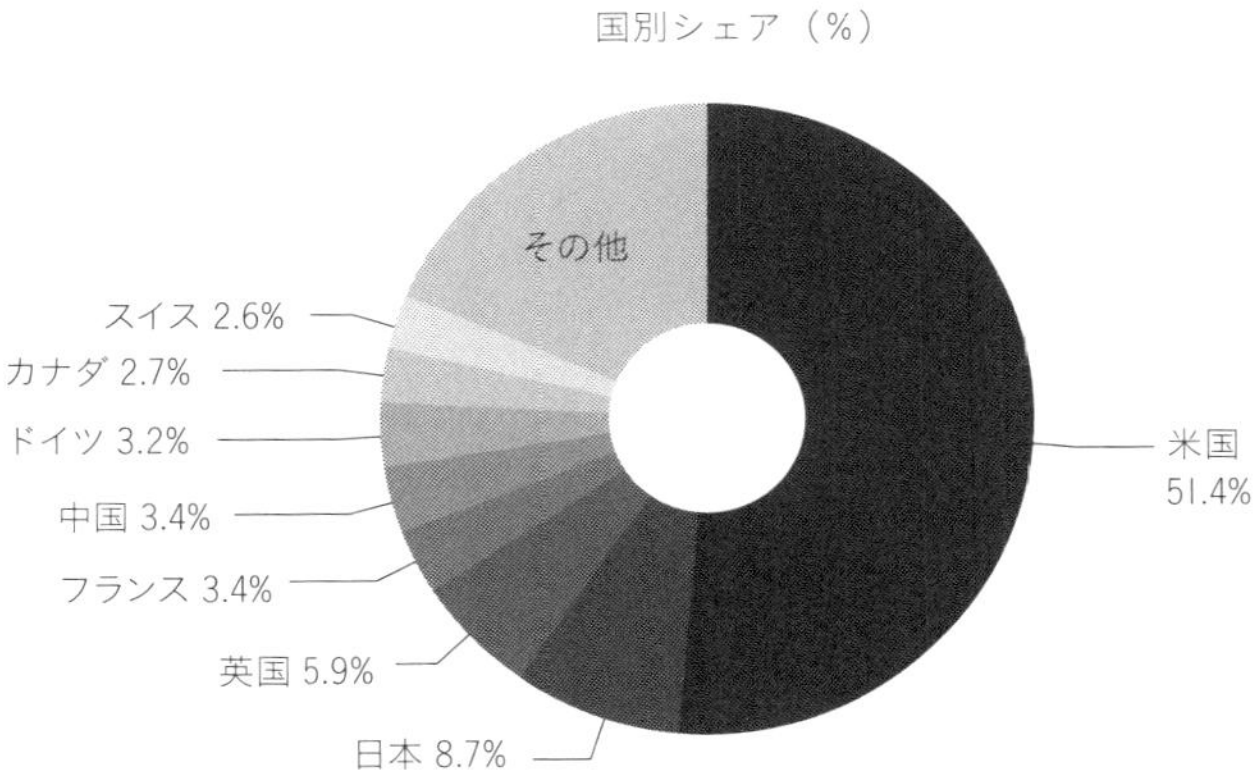

「『myINDEX』世界 45 か国　2018 年 3 月の時価総額」を参考に作成
https://myindex.jp/global_per_js_old.php?m=201803

・時価総額ではなく、GDP比で買う
・年金（GPIF）の真似をする
・各資産クラスを等額で買う
・リスクが最小となる組合せで買う

などなど、きりはなく、正解もありません。ある程度資産に対する理解が必要となりますので、投資の勉強をしながら自分自身の投資思想に合わせて、少しずつ考えていけば良いと思います。イチバン悪いのは考えすぎて投資を始められないことですので、はじめはアバウトに始めればよいのではないでしょうか。ちなみに、自分の投資思想が「世界市場ポートフォリオ」であれば、モディファイは不要です。

配当込み指数を買おう

株価指数には、「配当込み」のタイプと「配当除く」タイプの二つがありますが、「配当込み」の指数に連動するタイプにしましょう。配当とは、会社が稼いだ利益の一部を、定期的に株主へ還元するものです。

「配当除く」タイプの場合、原則として配当分のファンド収益を分配しなければなりません。分配金には、約20％課税されます。また複利効果（後述）を得るためには、自分で再投資をしなければいけません。運用効率が悪いのです。

実態としては、「配当除く」タイプのインデックスファンドも、分配を保留しているケースが多く、実質、「配当込み」指数に連動してしまってます。ただ、ベンチマークはあくまで、「配当除く」指数なので、運用報告書では、上方乖離《じょうほうかいり》（指数より上に位置すること）してしまうのです。また、運用会社の判断で分配をすることになれば、資産形成期にある投資家にとっては運用効率が悪い状態になります。少しややこしい話でしたが、**インデックスファンドは、「配当込み」の指数に連動するタイプにしましょう**。

保有コストと実績で選ぶ

ファンドを選ぶときに注意すべきは、保有コストと実績です。保有コスト（主として信託報酬）は、**つみたてNISAの対象商品であれば、どれを選んでも問題のない水準**になっています。目安としては、どの資産クラスも、0.2～0.3％程度より小さいものを選んでおけば良いでしょう。また、意外とおろそかにされやすいのが、投資信託の運用実績です。見るべき観点を4つほど挙げておきます。

①そのファンドの規模（純資産総額）が継続的に成長しているか？
②信託報酬以外にかかっているコストが大きくないか？
③トラッキングエラー（指数との乖離）は大きくないか？
④分配実績はどうか？（複利効果の享受を期待できる長期投資では、分配ナシが良い）

これを知るには、最低でも1期分の運用報告が欲しいところです。こと投資信託に関しては、新商品より既存商品の実績を見ましょう。特に**初心者の場合は、新規設定されたばかりのファンドは選ばない方が無難**です。

さあ、「つみたて」を始めよう！……んん、まだ始めたくない？

というわけで、買うインデックスファンドも決まりました。あとは、あなたがしなければばいけないのは、３つだけです。

(1)「始める」
(2)「続ける」
(3)「使う」

カンタンでしょ？　さっそく積立てを始めましょう。ネット証券にログインして、積立ての設定をしてください。……んん？　まだ始めたくない？

「始め時は今ではない」
「今は株価が高いから始めるとソンする」

……ですって？　これは誰しも思うことですし、疑り深いというのは、投資家にとって重要な資質の一つです。でも長期投資でスタートのタイミングは、あまり重要ではないのです。長期投資を始めるのは、いつでも「今」！　アレコレ考えて始められないほうが、不利になりがちなのです。次章では、普通の人が陥りがちな投資をなかなか始められない理由と、その打破の仕方についてお話ししましょう。

つみたてＮＩＳＡ Q＆A

と、その前に本書では「つみたてＮＩＳＡ」でインデックス投資を開始することをオススメしているので、初心者が抱きがちな質問にいくつかお答えしておきますね。私流にわかりやすく書いてますので、Ｐ74の参考サイトも合わせてご覧いただければ幸いです。

Q 税金が非課税になるってあまりピンと来ないのですが、そんなにトクなの？

A 超おトクです。株で儲けた金を現金に変えると、どれくらい税金がかかるか知ってますか？ **譲渡益税というのですが、何と20％もかかります。** １００万円儲けたら20万円です。月々３万円ずつ積み立て、運用利率３％で運用すると20年で資産は９８５万円になり、利益は２６５万円出ますが、譲渡益税は53万円。これが、つみたてＮＩＳＡであれば無税です。株に税金がかからないって、スゴいことなのです。

Q つみたてＮＩＳＡで積み立てた資産は20年過ぎたらどうなるの？

A 特定口座や一般口座などの課税口座に非課税期間終了時の時価で払い出されます。その後は、課税口座で運用しても良いですし、使ってもいいでしょう。

Q つみたてNISAのあとにもっとおトクな制度ってできるのですか?

A 私見ですが、あるとすれば、「恒久化」「積立額の増額」「償還ファンドのスイッチング(NISA枠を残したまま買い換える)」など、つみたてNISA制度の改善と推定されます。仮にこういった改善があったら、その新しい制度にスイッチすればよいだけです。

Q NISAとつみたてNISAはどう違うの?

A 次ページに確定拠出年金制度も加え、選択のポイントとなるところだけピックアップした簡単な比較表を示しました。いろんな商品を選びたい人は一般NISA、ローコストインデックスファンドで長期投資をしたい人は、つみたてNISAという棲《す》み分《わ》けでしょうか。

Q iDeCoとつみたてNISA、インデックス投資はどっちで始めるべき?

A 一般的には、所得があるなら確定拠出年金(iDeCo)です。**あなたが普通のサラリーマンならiDeCoを優先させてください。**投資の利益とは関係なく、所得税分必ずおトクだからです。特に企業型DCの場合は、選択すれば会社が拠出してくれるんですから、その分をわざわざいったん課税所得でもらっても仕方がありません。

一方、所得がない場合、あるいは少ない場合などには、つみたてNISAをオススメし

つみたて NISA・一般 NISA・確定拠出年金の違い

	つみたてＮＩＳＡ	一般ＮＩＳＡ	確定拠出年金
対象商品	金融庁の基準を満たした商品に限定されている。ローコストのインデックスファンドがいっぱいある。	上場株式（国内・海外）投資信託、ＲＥＩＴ、ＥＴＦなどいろいろ。	利用する口座が扱っている投資商品。必ずしも超ローコストのインデックスファンドが選べるわけではない。
非課税期間	２０年 非課税枠：最大８００万円	５年 （ロールオーバーすると更に５年） 非課税枠：最大６００万円	【拠出時】非課税 【運用中】実質非課税 【給付時】 年金：公的年金等控除 一時金：退職所得控除
投資方法	積立て限定	一括購入、積立てどっちも可	積立て、２０１８年度から年払い、半年払いも可
解約	いつでもできる	いつでもできる	60歳までできない
所得控除	控除されない	控除されない	控除される

ます。ほぼ最安のインデックスファンドが買えますし、解約などのメリットが大きいからです。

確定拠出年金制度は、人によって対応の仕方が大きく違います。たとえば、自営業の場合、確定拠出年金よりも、終身が選べる国民年金基金の方が良いという考え方もあります。この場合は、年金拠出後の余力があれば（作るべきですが）、つみたてＮＩＳＡをやってみるという選択肢になります。というように、**確定拠出年金制度は非常に複雑**なので、巻末の参考書などを参照してください。

Ｑ　つみたてＮＩＳＡを途中で解約したくなったら？　解約したあと続けたくなったら？

Ａ　解約できます。しかし、**解約した分の非課税枠はなくなります。その分は復活しません**ので、再度始めたい場合は、新しい非課税枠を使ってください。

Ｑ　一般ＮＩＳＡのファンドをつみたてＮＩＳＡに移行はできるの？

Ａ　できません。つみたてＮＩＳＡで新しく始めましょう。

参考サイト：

金融庁のＱ＆Ａサイト（https://www.fsa.go.jp/policy/nisa2/qa/tsumitate/index.html）

第3章

「長期投資に出遅れナシ」っていうコレだけの理由

長期投資はいつ始めてもよいのです!

さて、ここまで読んでいただいた段階で、インデックス投資をさっそく始めてみようという気になって下さった方もいらっしゃるかもしれません。一方で、話はわかったが「もう少し株価が安くなってから始めるべきではないか?」という疑念をお持ちの方もいらっしゃるでしょう。

でも長期投資は、「いつ始めても良く、できれば長い時間をかけた方が良い」とされています。

まず、この図を見てください。図は21世紀になってからの日経平均株価の推移です。さてここで問題です。我々は一体いつ、つみたて投資を始めるべきだったのでしょうか?2003年?2009年?2012年?せめて2016年?

こう考えてしまったあなた。あなたは極めて健全です。多くの人は、「底値で買って高

日経平均株価の推移（2000-2018）

日経平均株価の過去の「買い場」？

「日経平均株価のデータから、筆者作成

値で売る」「これこそが株式投資」と考えますし、株式投資の一面の真実でもあります。

でも、ちょっと考えてみてください。

「なぜ、あなたは、そのときに株を買わなかったのでしょうか？」実は、この質問の答えこそが長期投資による資産形成の始め方を示唆しています。

「アベノミクスに乗り遅れてしまった人」たちへ

ここでいうアベノミクスというのは、安倍政権が生まれた2012年末からの大きな相場のことを指しています。アベノミクスが始まって以来、私が運営しているブログには、時折こんな声が寄せられていました。

「いくらなんでも、ここまで上がったら、出遅れなんじゃないでしょうか？」

これに対する私の答えは、「**長期投資に出遅れナシ**」です。この声があったのは、2014年の3月ころだったのですが、当時日経平均株価は1万5000円くらいでした。

そしてみなさまご存じの通り、その後日経平均株価は上昇しました。

結果論的に言えば、「あの時始めておけば、儲かったのに……」となります。でも、だから始めるべきだった、と私が言いたいわけではありません。仮に値下がりしたとしても、私がいいたいことは同じです。

株価の動きはプロにもわからない

長期投資をいつ始めても良い最大の理由は、**「株価の動きは誰にもわからない」**ことにあります。

株式市場に住むと言われるミスターマーケットは、たいへん意地悪です。株式投資を始められない人に対して、ミスターマーケットは、株価が下がったときは、「もっと下がるかもしれないよ」「まだ低迷は続くよ」と囁《ささや》きます。しかし、意に反して、低迷は突如終わりをつげます。

株価が上がったときには、「この調子が続くとでも思ってるの？」「そのうち暴落が来るよ」と、囁きます。しかしその囁きの声とはウラハラに、暴落はなかなか来ないのです。

株式投資で失敗する人に対しては、その逆のことが起きます。株価が下がった時には、「今が底だ」「もっと買え」と囁きます。そして、株価が上がれば、「今は序の口だ。まだまだ上がる」「もっと買え」と囁くんです。しかし、意に反して低迷は続き、あるいは暴落が訪れてしまうのです。

株価はどう動くかわかりませんし、今が安値なのか、高値なのかは、誰にもわかりません。もしも、わかったとしたなら、全員がすぐに大金持ちです。「株価を予測して投資行動を起こす」ことはものすごく難しいのです。

しかし「買い場」というのが存在することは確かで、それを逃しては株式投資のリターンが上がらないのも事実です。

「東京五輪の後に長期投資を始める」がオススメできない理由

世間ではその「買い場」を探りたいという人々の心に潜むニーズに応えて、時折、長期的な経済予測や株価予測というのが出てきます。しかもこれらの予測は与太《よた》話として大変面白いため、人々の心を惹き付けます。実は、私も大好きです。

さて、そんな話の一つに、こんなものがあります。

・今は、アベノミクスでリスクマネーが膨らんでいるだけ。
・今は、２０２０年の東京五輪で投資が盛り上がっているだけ。
・そのうち反動がきてドンと下がる。
・その時買えばいい。

なんとなく、納得してしまう話です。

でも、逆の予測も成り立ちます。もしかすると、多少の調整はあっても、東京五輪で日本経済は調子づき、ついでに第４次産業革命も盛り上がって、そのまま、長期上昇サイクルに移行するかもしれません。その時は、五輪後の「買い場」を待っていた人は、いつまでたっても投資を始められないことになります。

それに、私が推奨しているのは、世界分散投資です。はたして、日本の事情だけで未来の相場を占っていいのでしょうか？　日本は、インデックス投資の基本である時価総額の比で世界の10％程度。ＧＤＰ比で見ても10％ぐらい。日本経済の世界への影響度はそれなりにあるけれども、全世界の経済を決定づけるほどの迫力は不足しています。

「アベノミクス」「東京五輪」という日本固有の政治経済事情で考えるより、世界全体の経済で考えた方が良さそうです。それにしたところで、専門家の予測通りに世界経済が動くはずもないですし、個人投資家の予測は言わずもがなです。

仮に予想通り値下がりしたとしても、本章の最初に書いた疑問に、ぶち当たります。「なぜ、あなたは、そのときに株を買わなかったのでしょうか？」

先にも述べたように、人間というのは、不思議なことにいざ「買い場」が訪れても、まだまだ下がると考えてしまって買えません。また、「底」と思って、まとめて買ったらはずれたりしてしまうものです。

「つみたて投資」なら黙っていても「買い場」に出会う

私がオススメしている投資は、サラリーマンが月々の給料の余裕資金の一部をコツコツ長期間に積立てるというものです。ただそれだけです。まったくもって、だいそれたことではありません。もう一度、Ｐ77の下図をご覧ください。この図で重要なのは、丸をした時期に「株を買うべきだった」「買いそびれた」「出遅れた」という後悔ではありません。この図から学べる最も大切なことは、

この20年の間にも株の「買い場」は3～4回は訪れた

という事実です。

もちろん、その「買い場」がいつ訪れるかは、全くわかりません。しかし、つみたて投資であれば、いつでも買っているので、イヤでもいつか訪れる「買い場」で買うことになります。**黙っていても「買い場」に出会ってしまう**のです。

長期投資というのは、私が思うには、少なく見ても20年。長く見て一生。極論すれば、子孫にも財産が残りますから、永遠に続きます。早く乗り出せば乗り出すほど、それだけたくさんの「買い場」に出会う可能性が高まります。

しかし株式投資を始めていなかったら、これからもその人は、何度も訪れるであろう「買い場」を逃します。そして、いたずらに時が過ぎて行くわけです。繰り返しますが、株価はどう動くかわかりません。今が安値なのか、高値なのかは、誰にもわからないのです。でも、長期を標榜したつみたて投資であれば、知らない間に「買い場」に出会ってしまいます。だってずっと買っているんですから。そして、「買い場」から数年後に「あー、あのときが仕入れ時だったんだな」と思うわけです。**「買い場」は、後になってわかるものなのです。**

「買い場」とは、過ぎ去りし青春の日々みたいなもの

人生の大切な時間が過ぎてしまう前に、つみたて投資を始めた方が良いというのが私の考えです。もちろん**「買い場」とは、持っている資産が値下がりしてしまい、しょげてし**

まう時期でもあります。特に、資産が大きくなっているほど、マイナスのショックを投資家に与えます。長期投資最大の課題はここにあり、ぐっとこらえることが大切です。この点については、次の章以降でしつこくお話ししますので、しばらくお待ちください。

「高値で始めたら損」の誤解

「アベノミクスに出遅れてしまった」という話と重なりますが、投資を始めていない方が心配されるのが、「高値の時につみたて投資を始めたら損」という誤解です。正しくは、「高値の時に一括投資をしたら、どう考えても損」です。

長期のつみたて投資の場合は、「**高値の時につみたて投資を始めても、そのうち損だったか得だったかわからなくなる**」といった方が、より正しいでしょうか。

もちろん、リーマンショックで大きく値下がりした時に一括投資をした人は、大きく儲けることができたでしょう。でも、リーマンショックで経済自体も失調状態になって、肝心の仕事も苦しくなったときに普通の人が、大金をドンと投資できるかというと、そうではありません。こういう投資法にきっぱり見切りを付けるのが、NightWalker流の長期のつみたて投資なんです。

「つみたて投資」開始が高値で、すぐ暴落が来ても、なぜ「そのうち損だったか得だったかわからなくなる」のでしょうか。それは、積立投資を始めたばかりのころは、まだ投資額が少ないからです。

たとえば、月3万円投資をしたとします。つまり年36万円です。仮に、最初の一年が、その時の高値で、その後すぐに暴落が来ても10年経つと、投資の原資は36万円×10年＝360万円。このとき、最初の年の高値づかみだったと思っていた投資は、全体の10％に過ぎなくなっています。さらに10年経つとこの比率は全体の5％。影響度は下がるのです。

また、若いうちに投資を始めると、最初は積立額が少ないかもしれませんが、収入の増加とともに積立額が増えるかもしれません。そうすると、さらに最初の年の投資の影響度の低下は加速します。長い間投資をしていけば、何回かの「買い場」の影響の方が大きくなるはずなのです。人間というのは直近の利益を優先するという「現在志向バイアス」を持っています。このバイアスで投資をスタートできない方も多いのですが、「つみたて投資」はそれを克服しやすくするのです。

何回でも言います！ 長期投資を始めるとき、それは常に「今」

マークトウェイン（1835-1910「トムソーヤーの冒険」を書いた人）の有名な言葉にこんなのがあります。

10月。株に投資するには最も危険な月の一つだ。それ以外の危険な月として、7月、1月、9月、4月、11月、5月、3月、6月、12月、8月、2月がある。

この格言は、「株式投資は、いつだってリスクがある」という100年たった今にも通ずる素晴らしい名言ですが、あくまでも短期のトレーディングを想定したものだと思われます。もしも、これが長期投資だったとしたら、こんな風になるはずです。

10月。株の長期投資を始めるには最もステキな月の一つだ。それ以外にもステキな月として、7月、1月、9月、4月、11月、5月、3月、6月、12月、8月、2月がある。

長期投資を始めるとき、それは、常に「今」なのです。

「となりの人」はもう始めているかもしれない？

これまでも取りあげてきたように、つみたてＮＩＳＡ制度が、２０１８年１月から始まっています。このおかげで、これまで、「米国の投資環境はいいなあ」と指をくわえているしかなかった我が国でも、一気に質の良い投資信託が登場するようになりました。激変といっても良い変化です。

いきなりほぼ完成形の日本のインデックス投資環境

この変化を象徴したのが、２０１８年１月に発表された、『投信ブロガーが選ぶ！Fund of the year 2017』（２０１８年１月発表）でランキングの上位に上がったファンドでした。

リストアップしてみましょう。

第1位★楽天全世界株式インデックスファンド
第2位＜購入換金手数料なし＞ニッセイ外国株式インデックスファンド
第3位★楽天全米株式インデックスファンド
第4位★野村つみたて外国株投信
第5位★eMAXIS Slim バランス（8資産均等型）
第6位ひふみ投信
第7位★eMAXIS Slim 新興国株式インデックス
第8位たわらノーロード先進国株式
第9位 Vanguard Total World Stock ETF（VT）
第10位★iFree S&P500 インデックス

同イベントのランキング2017年は、トップ10のうち実に6本が同年に新しくできたファンドでした。（★が新設定のファンド）本来、できたばかりのファンドというのは、運用実績がないわけですから慎重に選ぶべきなのですが、その辺をよく知っているはずの投信ブロガーのみなさんが、**あえて選んでいる**のです。

しかも、10本のうち9本までがインデックスファンドで、新登場のファンドもすべてインデックスファンドです。

これほど多くの新しい優良ファンドが出てきた理由こそが、つみたてNISA制度です。新登場のファンドは全部つみたてNISAをターゲットとしていて、信託報酬率は、極めて低廉《ていれん》でした。そこが、投信ブロガーのみなさんの注目を集めたのですね。

これまで、米国でしかなしえなかった水準に、日本のインデックスファンドがあっという間に進化して、一気に完成形に近付いてしまったのです。しかもつみたてNISAを使えば、最長20年非課税です。「**もうインデックス投資を始めない理由を、投資環境のせいにはできなくなった**」それくらい投信の世界では大きな変化でした。

iDeCo《イデコ》とNISAは、なぜ生まれたか？

もう一つ考えたいことがあります。確定拠出年金制度、ことに個人型確定拠出年金制度（iDeCo）そして、これまでも取りあげて来た「つみたてNISA」です。これらの制度は、なぜ生まれてきたのでしょうか。　少し、私なりに過去の個人の資産形成事情を振り返って見たいと思います。

戦争が終わって、日本は戦後復興の時代を迎えました。このときは、個人には投資する余力なんて当然ありません。なので、国が主導して投資をしていく時代が続きました。象徴的なのが財政投融資です。たとえば、高金利の郵便貯金で国民から資金を集め、国がいろいろなところへ投資をしていく仕組みです。郵貯の定額預金は、高インフレ下であったとは言え、高金利であったため、国民の資産形成にも大きく寄与しました。

ただ、この仕組みは、官の利権問題などの弊害も出てきます。ですので、日本経済が正常になってきた段階で民間主導の考え方に変革していくべきだったのですが、高度成長期の末期にバブルが発生し、いざ、民間主導の時代を迎えたときに民間の元気がなくなっちゃったのです。

その元気のない時代は長らく続きました。しかし、誰も投資しない社会なんて成立しません。国際的に見ても日本の金融所得はまだまだ小さい状況です。「少子高齢化もあって国民の金融所得を増やさなければならない」という苦しい懐《ふところ》事情も出てきました。そのためいよいよ、民間や個人が投資をして経済を良くしよう、国も支援しよう、ということになって来たのではないかと考えています。

iDeCoやNISAという個人の投資を支援する仕組みが登場してきたのには、そういう時代背景があるのだと、私は感じています。つまり、日本にも**「投資が普通の時代」が来る**と私は思っています。

「となりの人」は始めていても言わないだけ

自分の身の周りで投資の話題なんて出ていないけどなあ、と首をかしげる人もいらっしゃるかもしれません。日本人には、お金の話はあまり積極的にしない方が良いという防衛意識があるので、それは当たり前です。わざわざ「俺って投資してるんだ」と他人に言う人はまだまだ少ないと思います。言わないだけで、「実は投資を始めている人」って案外いますよ。

マーケティングの世界に、イノベーター理論というのがあります。製品は、イノベーター→アーリーアダプター→アーリーマジョリティ→レイトマジョリティ→ラガードの順に普及していくというものです。

日本人のインデックス投資は「アーリーアダプター」？

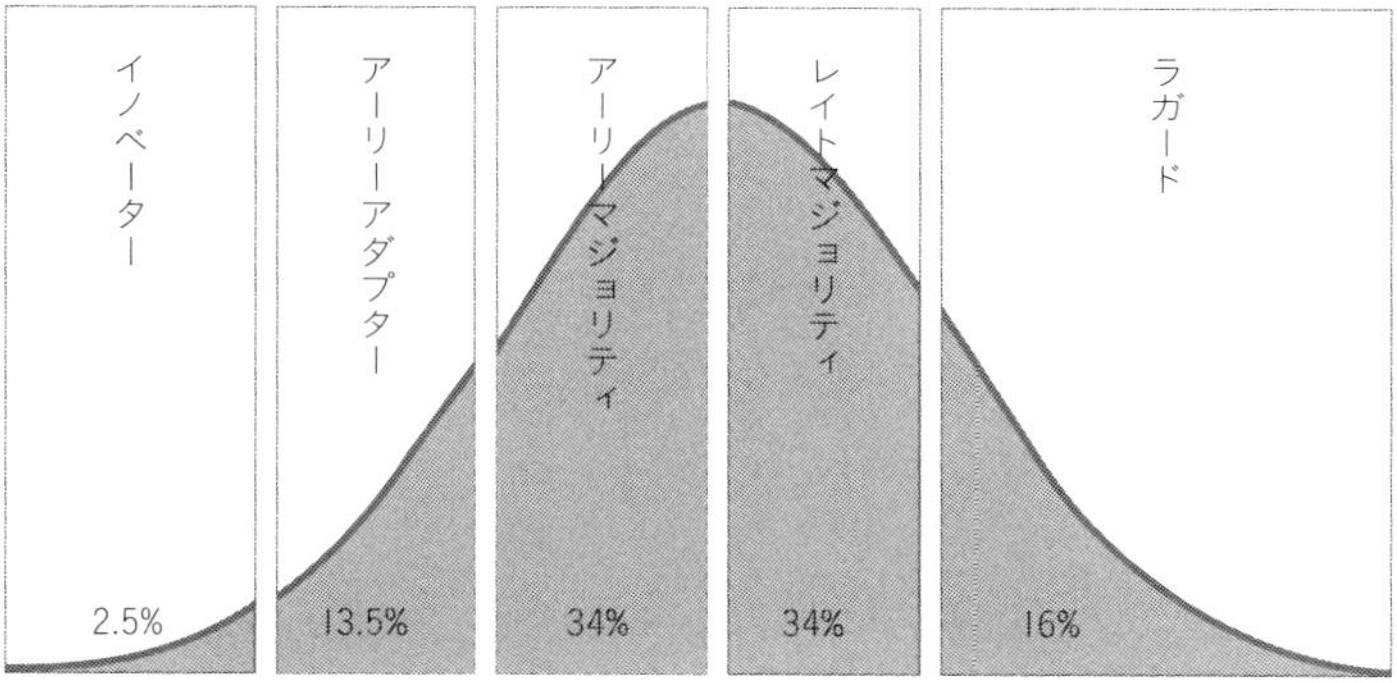

素朴な実感論ですが、日本人の世界分散型のインデックス投資はまだ「アーリーアダプター」の段階にいるような気がします。

しかし、変化の兆《きざ》しもあります。最近の投資のイベントで会話をすると「生活設計の一部としてインデックス投資を考えている」という人が明らかに増えているのです。「確定拠出年金がきっかけになった」という声もよくお聞きします。

そして、みなさん、すごく地に足の付いた考え方で投資を捉えていらっしゃるのです。「アーリーアダプター」は変革の手段として、「イノベーター」たちが開拓した新しい手法や製品を取り入れます。そして「アーリーマジョリティ」は、これまでの前2層の実績を踏まえて業務改善の手段として活用すると言われています。

ひょっとすると、インデックス投資もアーリーマジョリティ層が拡大しつつあるのではないでしょうか。あなたのとなりの人も、もうすでにインデックス投資を始めているかもしれません。**誰しもわざわざ「自分が投資をしている」なんてことを話さないものなのです。**

長期投資は時間をお金に換えること。少しでも早く始めた方が、その時間は長くなります。早く始めて有利に運用できるならそうするべきです。

第4章

ど素人でもお金が育つ運用のツボ

お金が育つ理由①

本業の稼ぎに集中できるから

さて、ここまでの章では、インデックス投資とは何か？　インデックス投資をするためのオペレーション、長期投資はなるべく早く始めた方が良い、という話をしてきました。

しかし、「インデックス投資はカンタンすぎる。それで儲かるなんておかしい。そんなうまい話があるはずがない」とお考えの方もいらっしゃると思います。もちろん、インデックス投資だって、万能の投資法ではありません。インデックス投資は、個別株投資やＦＸに比べると、リスクが小さめであったりはするもののリスク資産の運用であることには変わりはありません。必ず、狙った期間にお金が自動的に増えていくことを保証する方法ではないのです。

投資に時間をかけないことで好循環が生まれる

インデックス投資でお金が育つ理由を最初にまとめておきましょう。

（1）本業の稼ぎに集中できるから。
（2）株式資産の自己増殖性を利用するから。
（3）複利効果により、お金の増えるスピードが加速するから。

この３点です。

（2）と（3）は、インデックス投資に限らず、バイアンドホールド（買い持ち）と呼ばれる、ただ買って持ち続けるだけという投資手法の場合に共通する特徴です。インデックス投資と他の株式投資手法のもっとも大きな違いは（1）です。

インデックス投資は、これまでお話ししてきたように、投資のオペレーション自体にはほとんど時間はかかりません。このため、空いた時間を労働そのものや労働価値を高める時間に回せるのです。この結果、本業の稼ぎに集中でき、蓄財や生活品質向上に回せるお金の増えることが期待できます。蓄財に回せるお金が増えれば、リスク資産の運用にも好影響を与えます。

ここが、インデックス投資の核心部分であり、普通の人の資産形成に向いていると考える最大の理由の一つです。

お金が育つ理由②
株式は勝手に成長するから

私が考えるには、個人にとっての株というのは、3つの意味を持っています。

(1) 株式会社のオーナーになって、株式会社の利益の分け前(配当)をもらえる。
(2) 財産として蓄えることもでき、資産形成に役立つ。
(3) 株式会社は自助努力するので、価値が勝手に増大する。

重要なのは、(3)です。株式資産は、最終的には、譲渡益(値上がり益)として、投資家の利益となります。もちろん、日々取引されて株価が上がったり下がったりすることを利用して儲けることもできます。しかし、重要なのは、**株式会社の価値自体が時間とともに知らぬ間に増大していくこと**です。

企業の利益が増えるから株式資産は育つ

株価は、次の式で表されます。

株価＝その株式会社の価値（時価総額）／株式の発行数

株式の発行数は、増資等があれば変わることもありますが、普通は変わりません。となると、株価は、市場に参加している人が、その株式会社の価値を今、どう判断しているかによって、決まることになります。もちろん、市場に参加している人全員が、この観点において、常に合理的な判断をしているわけではなく、大きくはずれることがあるのかもしれませんが、長期的に見れば、合理性のある金額に収束していくだろうというわけです。

では、株式会社の価値とは、いったいなんなんでしょうか？ いろいろな説があるのですが、私がしっくりきているのは、「その株式会社が将来にわたって生み出す利益を、現在の価値に置き換えたもの」であるという考え方です。

これは必ずしも「今、利益が出ている」と言うことだけを意味しません。今、儲けていても将来は儲からないかもしれません。逆に、今儲かっていなくても、将来儲かる会社もあるでしょう。

長期投資家にとっては、「継続的に利益を成長させることができる会社」「つぶれず、永久機関のように利益をたたき出し続ける会社」に投資することが、自分の資産を増やすことに繋がります。

どうやって、そんな会社を探し出すかについてはいろいろな考え方があります。企業の財務に着眼する方法。ボトムアップで社長の話を聞いて回り掘り起こす方法。市場の長期的予想から見いだす方法、などなど。そして、**インデックス投資の場合は、市場の一定の合理性を信じて、世界株式会社。全世界の市場に上場している会社をまるごと買っちゃうこと**なのです。

人間の「儲けたい一心」により継続的に増えていく

インデックスファンドの長期保有をしている人は、「長期的に見れば市場全体として見たときの株式会社の利益が継続的に増大し続ける」と信じているわけです。では、なぜそう信じられるのでしょうか？

理由は、二つあります。

（１）株式会社は、「儲けたい一心」で利益を増やそうと活動し続ける。

（２）市場に参画している人も「儲けたい一心」で儲けそうな会社に投資するので、黙っていても株価指数（インデックス）に反映される。

まさに資本主義の原理です。人間は、全体としてみれば、本質的に「儲けたい」「成長したい」「進歩したい」と考え続けて行動してしまうものであり、ひいては、そう考えて行動する人たちが社会全体の出力を決めていくはずです。いわば、人間の「儲けたい一心」が、株式の資産価値を継続的に増やしていくのではないかと考えられるのです。

株式会社は、投資家から集めたお金を元手にして商売をします。経営者は、投資家に報いることは、もちろん、自分自身のために働きます。

儲けとは、カンタンに言えば、売上－仕入れです。もし、仕入れがインフレで値上がりすれば、コストを削減するなり、売上を増やすなりで、インフレにすら打ち勝とうとします。儲かったお金は、株主に還元されると同時に次の商売の元手にもなります。その結果、さらに儲けは増大します。

もし、これが、1社だけであれば、勝つ会社と負ける会社に分かれるでしょう。しかし、たくさんの会社だったらどうでしょうか？　市場全体として、利益が増えるのであれば、企業の価値は全体として大きくなっていくはずです。

株価指数（インデックス）とは、市場の全参画者の判断結果の総和です。つまり、インデックスファンドを買うと言うことは、その判断結果をそのまままちゃっかりもらってしまうわけです。

左のグラフは、ニュースなどでおなじみのニューヨークダウという米国株価指数の1928年〜2018年の推移です。縦軸は、対数になっています。一目盛り10倍です。二目盛りだと100倍。1929年の大恐慌で大きくダウ平均は下がり、1932年には40ドル台になっちゃうのですが、今や2万4000ドルですから、90年近い歳月の間に、ざっくり600倍近く成長しています。見事なまでに右肩上がりです。

NYダウはこの90年で600倍近く成長した（1928-2018）

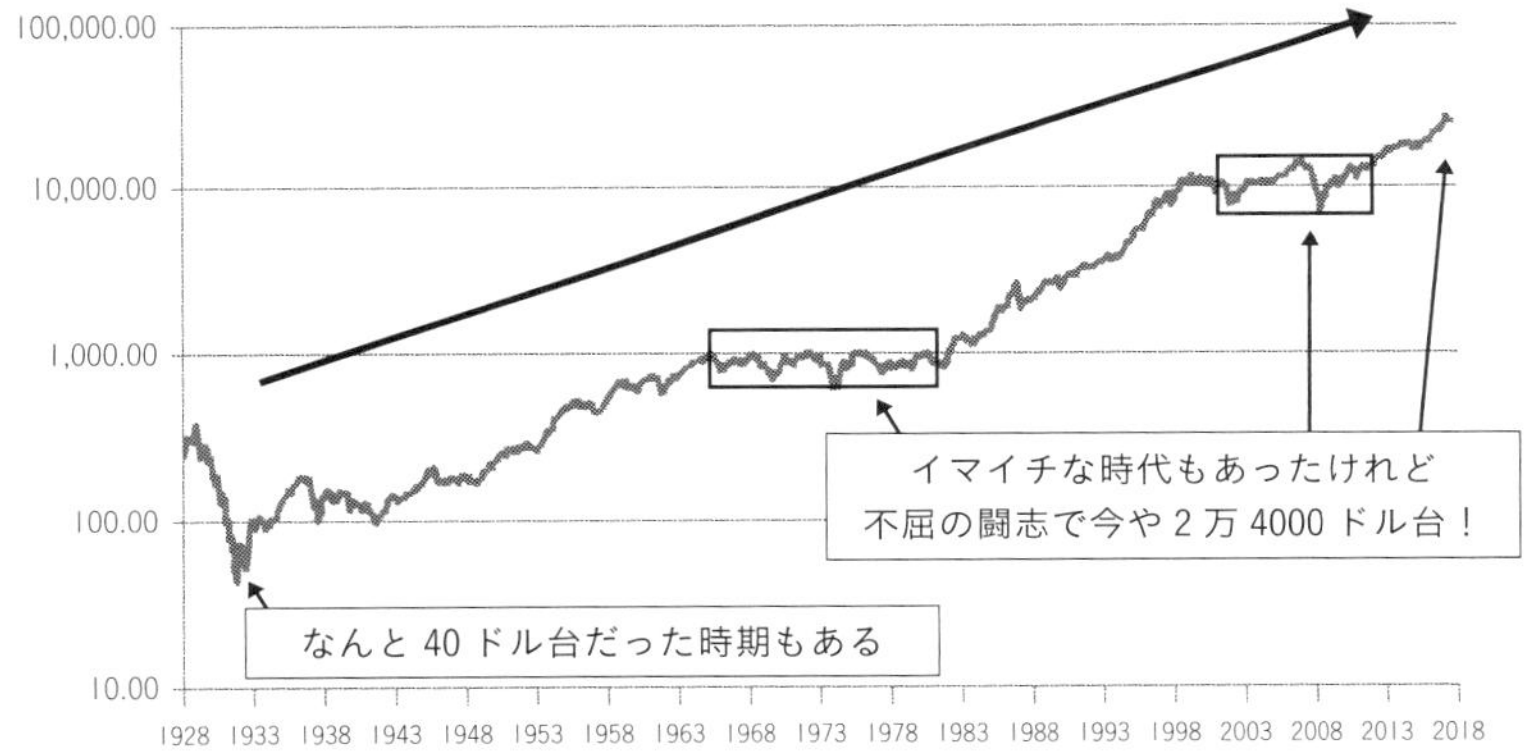

少なくとも米国人は、とても成長意欲に満ちあふれていたということがわかります。時に長らく低迷することもありましたが（たとえば１９７０年代）、不屈の闘志で復活。その後、21世紀になって２０００年代に低迷するも、また復活。対数グラフにすると、あんなに騒いだリーマン・ショックも歴史の１ページと化しています。（５章で詳述しますが、だからと言って安心してはいけません）

資本主義は、米国だけではなく全世界の経済活動に大きく影響を与えています、というか、世界は資本主義と競争原理を是《ぜ》としてできています。他人と競ってお金を稼ぐことが経済成長の推進エンジンとなっているのです。

必ずしも未来は予測できませんが、株式の成長力を信じて、世界市場にまるごと投資するのは一つの合理的な考え方ではないでしょうか。

インデックス投資とは、市場全体の利益増大を願う投資

インデックス投資の背景には、「全世界の市場全体で見れば、世の中の利益はこれからも増え続けるんじゃないの？」「人間の儲けたいというエネルギーは強いよ」という考え方があります。

これは、あくまでも考え方です。未来がどうなるかなんて誰にもわかりません。「人間の儲けたい一心」と言われて、「わたしは、そんなに儲ける意欲とか、元気とか、ないんだけど…」と思う人もいるかもしれませんが、大丈夫です。あなた以外の人が、あなたの知らないところでがんばっているはずです。儲けたいという欲望を持つ人の活動の方が、そうではない人よりもはるかに強いのです、それが、資本主義社会における競争原理です。

ん？　それは知ってる？　でも、金儲けに夢中な連中なんて嫌なやつばっかりだって？

いいじゃないですか。**その嫌なやつからお金を奪い返す手段の一つが、インデックス投資なんですから**。それに世の中、嫌なやつばっかりじゃない、と私は思いますよ。市場には浄化作用というものもありますしね。アコギな商売している人たちは、長い目で見ると必ず淘汰《とうた》されるものです。

「儲けよう」ではなく、「育てよう」

さて、これまで述べてきたように「儲けたい」と考えている人たちがいるおかげで、私たちの資産は育ちます。大切なのは私たち個人投資家が儲けようと考えた結果、儲かったわけではないことです。私たちは儲けようと考える必要はないですし、むしろ考えない方が儲かるのです。

勝手に育つ。儲けようと考えない方がより育つ。この距離感がものすごく重要だと思っています。「お金が増えることには変わりはないじゃん」って思う人もいるかもしれませんが、「儲ける」ということと「育てる」ということは、大きな違いがあります。

「儲ける」というのは、言ってみれば仕事です。稼ぐためには、資本主義社会という戦場でシビアにいろいろなことを考え、日々戦わなければいけません。仕事とは、それそのものがリスクなのです。一方の「育てる」は、いわば、感謝です。資金提供という後方支援でリスクを共有したことの代償にがんばってくれた人に、「稼いできてくれてありがとう」と言って、成果の分け前をもらうのです。

えっ？　ちゃっかりしてるって？

いえいえ、そんなことはありません。インデックスファンドの保有者だって、りっぱな投資家です。返ってくるかどうかわからない利益に対する資金提供というかたちで、しっかりリスクは取っているのです。それに労働者は働くことで、儲けたいと思う側にも属しているのですから、仮にちゃっかりしていたとしても、いいではありませんか。

お金が育つ理由③

複利の力を利用するから

お金が育つ理由の二つ目は、株式資産自体が、長期的には自己増殖する性質のものであり、長期保有という手法でその恩恵を享受しようというものでした。そして、3つ目の理由が複利です。利率には二つあります。一つは単利、もう一つは複利です。

単利とは期ごとに利子を出して、そして元本はそのままです。利子が出るたびに税金も払います。一方の複利の場合は、利子を次の期の元本に組み入れます。雪だるま式に増えていくイメージですね。

複利には二つのパターンがあって、一つは毎年税金を払ってから再投資するケース。もう一つは、内部に利子を留保しておき（税の繰り延べと言います）、最後に換金するときにまとめて税金を払うケースです。たとえば、元本、1万円のお金を利回り3％（税率20％）で30年間、預けた場合で比較したのが次ページの図です。

複利はぎゅいーんと加速度的にお金が増える

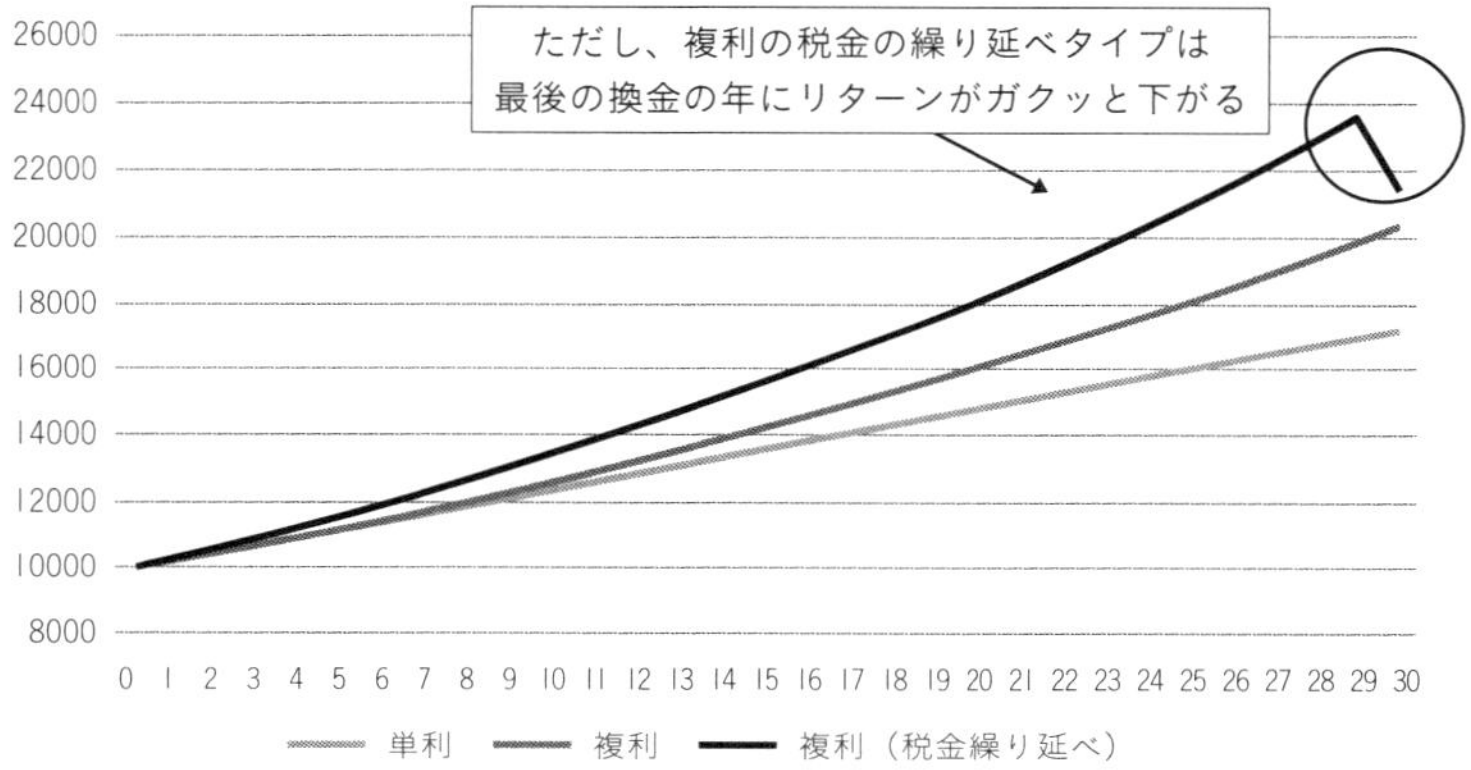

単利が直線的に増えていくのに対して、複利の場合、ぎゅいーんと加速度的に上昇しています。（この試算では、「複利（税金繰り延べ）」は、最後に換金して、まとめて利益に対する税金を払ったことにしているので、最後の年にがくっと下がっています）

一般論として、次のことがわかります。

・単利より複利の方が資産は成長する。
・時間がたつほどその差は広がる。

複利の力は、ぜひ利用したいですよね。
そして、「つみたて投資」はその力を自《おの》ずと利用できちゃうんです！

月3万円の「つみたて」で1000万？

たとえば、つみたてＮＩＳＡをやると、どのくらいお金って貯まるもんなんでしょうか？
当たり障《さわ》りのない答えは、将来のことはわかりません、となるのですが、ちょっと計算して見ましょう。カンタンにＥｘｃｅｌで計算できますが、次ページの図には、計算できない線（ギザギザカーブ）も私の感性で描いておきました。

毎月３万円積み立てた時の累計元本が下の線。リターンが３％だったときの期待値が上の線。複利の効果で時間が経つほど、お金の増え方のペースが上がっているのがわかると思います。うまくすると、20年で１０００万円近いお金を作ることができる可能性があるのですね。

また、つみたてＮＩＳＡの場合は非課税なので、最後の利益確定に伴う税金で資産が、がくっと下がることもありません。長期投資の場合、複利の効果をいかに最大限に享受するかが大切です。このためには、分配金再投資のファンドを選ぶ、または自分で再投資することが重要になってきます。

毎月３万円をインデックスファンドで積み立てたら

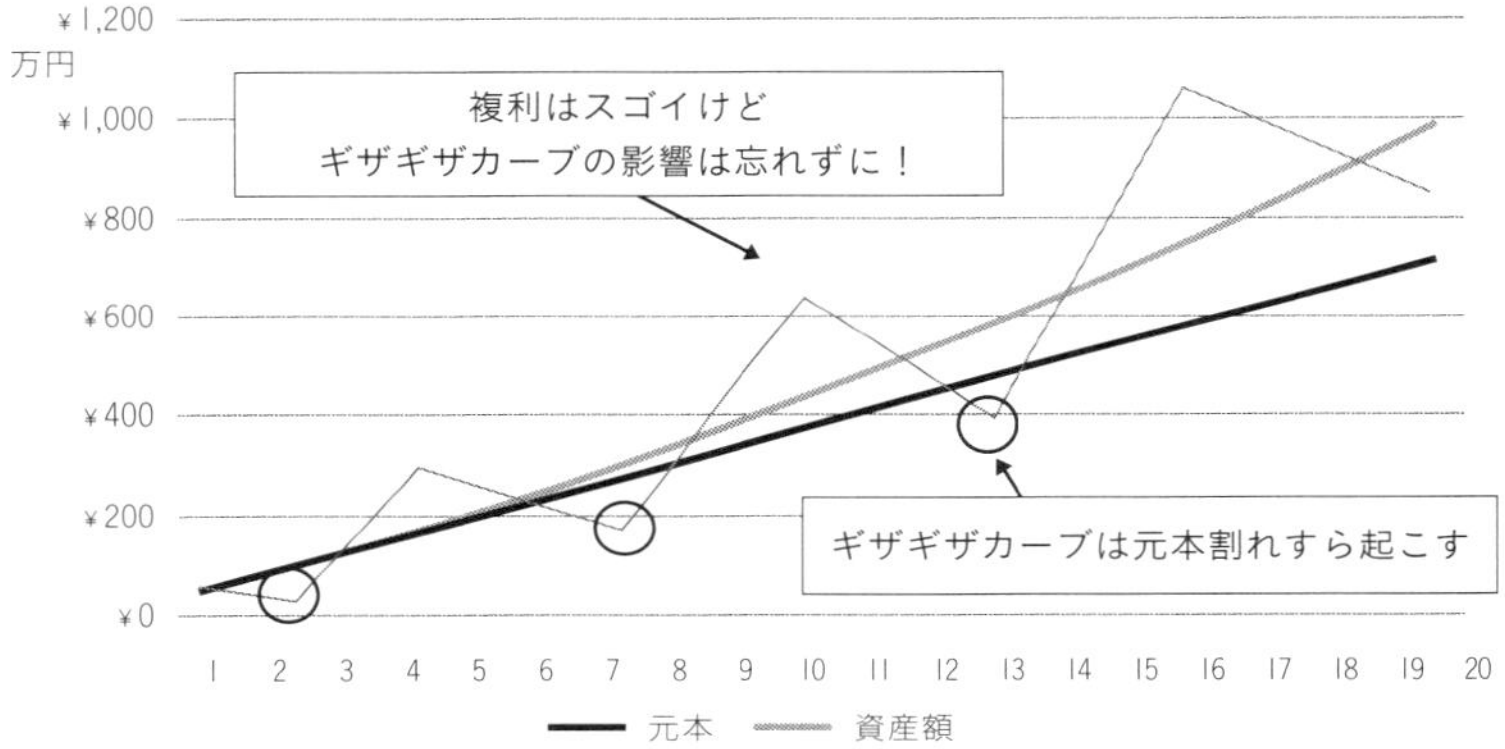

このように複利の効果は素晴らしいのですが、その時に忘れてはならないのがリスク、ギザギザカーブの影響です。時には元本を割るかもしれないと言うのを加味した線が、この図に書き加えたギザギザカーブです。複利の効果を考えるときは、上手い話ばかりではなく、リスク（ギザギザカーブ）の影響のことも思い出すようにしてください。

お金が育つ枠組みを考える

さて、これまで述べて来たことを整理すると、インデックスファンドを使った長期投資でお金が育つ主な理由は、以下3点の力に集約されます。

（1）本業の稼ぎに集中できる力
（2）株式が自己増殖していく力
（3）複利の力

そして、この力を利用する極意は、たった一つ。株式資産の長期保有（バイアンドホールド）をすること。つまり売らないことです。ところが、この売らないということが、とても難しいのです。長期投資というのは、ただ株式を買って売らないだけというカンタンすぎる手法です。このカンタンなはずのことが案外難しいのですね。

アセットアロケーション（資産配分）は「取れるリスク」から考える

投資の世界では、資産配分（アセットアロケーション）が、投資のリターンとリスクをほぼ決めると言われています。資産配分を決める場合、つい欲しいリターンを考えて資産配分を考えてしまいがちなのですが、リターンを先に考えると往々にしてリスクを取り過ぎてしまい、しばしば長期投資の妨《さまた》げになってしまうのです。私としては、リスクを先に考え配分を決める方法をオススメしています。自分自身にとって適切なリスクを取れるかどうかが、長期投資の成功率のほとんどを決めるという経験則みたいなものから、そう考えるのです。

自分自身にとって適切なリスクを取り続ける

これは念仏のように唱えてください。リスクは取り過ぎても少なすぎてもダメなのです。

リスク資産と無リスク資産の比率を考える

具体的な**リスクコントロールの要となるのが、リスク資産と無リスク資産の比率**です。ついリスク資産の中身の配分をいろいろ考えてしまいがちですが、重要なのは無リスク資産の割合です。**リスク資産を熱湯とするなら、無リスク資産は水。適度に薄めることが大切**なのです。

無リスク資産とは、元本割れのリスクがほとんどない資産のことで、短期国債、預金、個人向け国債などがあります。無リスク資産は、インフレ要因を除けば値下がりすることがありません。このため、心理的な安心感に繋がります。もう一つは流動性。いざというときに、さっと動かせるお金というのは重要です。これは「いざというとき」が来たとき、始めてわかります。無リスク資産の重要性は、暴落などの「いざというとき」を経験することで実感できるのですが、できれば平穏時に無リスク資産の比率を考えておいた方が良いのです。

インデックス投資の土台になった現代ポートフォリオ理論

ここで、インデックスファンドとは何か、少し理論的な背景を説明しておこうと思います。インデックス投資は、ノーベル賞を取ったハリー・マーコウィッツさん（1927-）の現代ポートフォリオ理論（Modern portfolio theory, MPT）という理論が基礎となっています。最新のフィンテックやロボアドバイザーなどもこの理論がビルトインされているはずです。

この理論の存在を知らず「なんだかよくわかんないけど、インデックスファンドって、効率が良いんでしょ」でも良いとは思います。でも「概略ぐらいは知っておきたい」という人もいらっしゃるでしょう。

私も、この理論を学術的にどう言うものかを正確には説明することはできませんが、エッセンスくらいは、ご説明できると思います。逆にエッセンスなのでカンタンにイメージはつかんでいただけるのではないかと言うことで、

居酒屋で友達に説明するノリで説明してみます

現代ポートフォリオ理論というのは、昔から「資産は分散すると安心だよね」と言われていたことを、数学モデルを考えて計算してみたら、「ほんとにそうだった」「ついでに面白いこともわかっちゃった」というものです。現代ポートフォリオ理論は、私たち庶民にも役に立つ智恵を与えてくれます。この理論によると合理的な投資家が取るべき行動は、以下のような単純なものとなります。

「たった一つしかない最適に分散されたリスク資産の組合せを、無リスク資産と組み合わせて保有すべし」これを、さらにカンタンに今の投資環境で説明すると、「**インデックスファンドと貯金など安全そうなお金とを組み合わせて持っておけ**」ということになるのです。

「たった一つしかない最適に分散されたリスク資産の組み合わせ」というのが、「市場ポートフォリオ」と呼ばれるインデックスファンドの基本的な指数のことです。これは、市場の縮小コピー、市場そのものに連動する指数です。市場にある全銘柄をその時価総額の比率で投資することで実現できます。

別の言い方をすると、**市場ポートフォリオは、市場にいるアクティブ投資家（インデックス投資家以外のすべての投資家）を全部足し算した結果です**。全アクティブ投資家の投影という風に理解しても良いかもしれません。そう言う意味では、インデックス投資家とアクティブ投資家は表裏一体の関係にあります。そして、**インデックスファンドは、マーコウィッツ先生の理論から生まれた「市場ポートフォリオ」を具現化する商品として作られたのですね**。

現代ポートフォリオ理論では、リスク資産（たとえばある会社の株）を次の３つの要素でモデル化しています。

（1）リスク資産の標準偏差
（2）リスク資産の期待リターン
（3）リスク資産同士の相関係数

これら３つの要素の中に、投資家がチェックすべき重要なチェックポイントが含まれているのです。

ポイント① 標準偏差

現代ポートフォリオ理論で、株価変動がどんな風にばらついているかを示すのが、数学でおなじみの正規分布の図です。

株価の場合にどう見るかというと、横軸がリターン。縦軸は発生頻度です。中央が、期

正規分布の図でリスクによる資産の増減程度は可視化できる

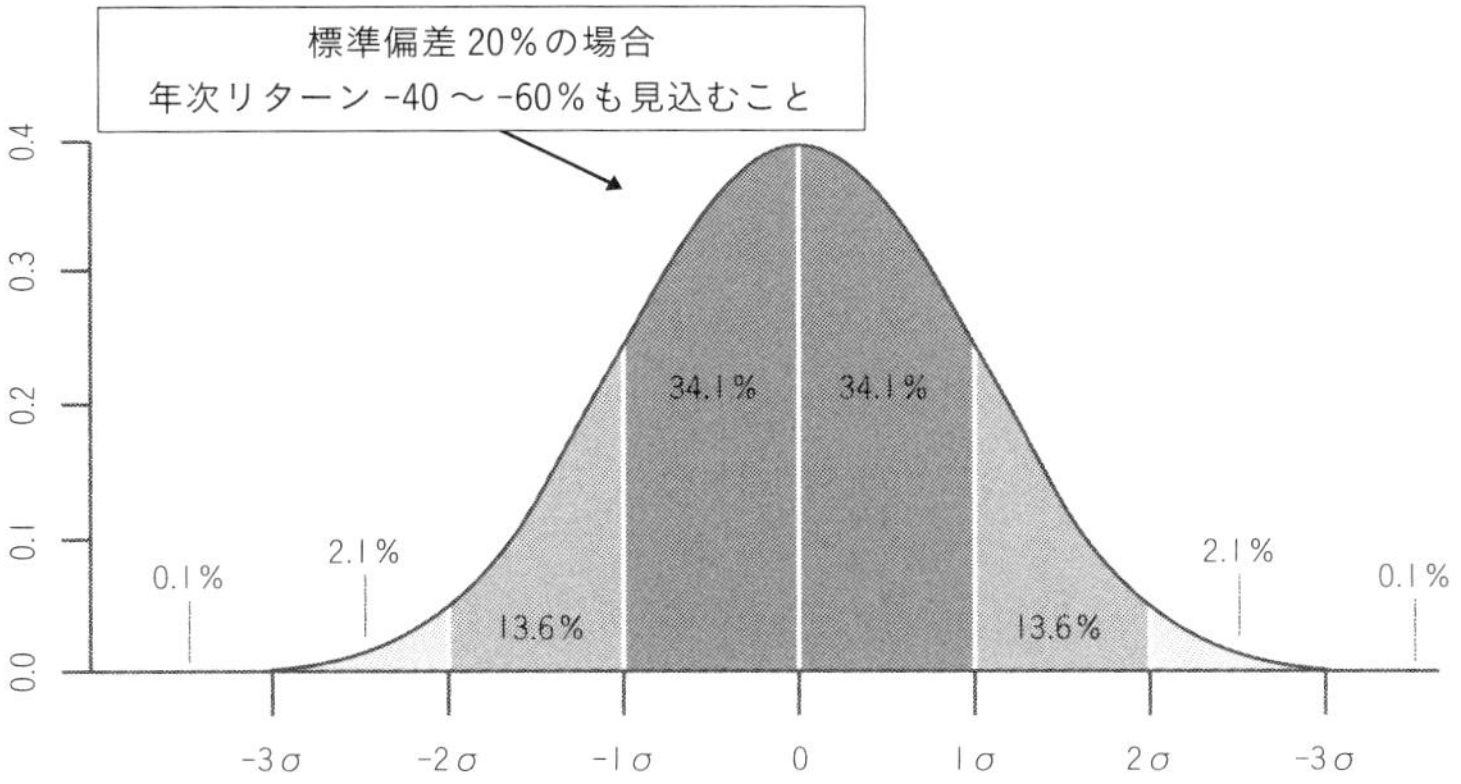

待リターンを示していて、σ《シグマ》というのが、標準偏差、すなわちリターンのばらつきを示します。

情報共有が発達した現代なら市場に参加している人は効率的に行動するに違いない。とするなら、株価もブラウン運動のようにランダムに動くはずだ…と仮定することで、株価の動きを正規分布するサイコロのモデルにしちゃったのです。すごい発想です。

この考え方は、私たちが**一時的にせよリスクによって、どの程度お金が減ることを覚悟しておかなければいけないのかを判断する材料として使えます。**たとえば、株の標準偏差は年次リターン20%〜

30％分くらいと言われています。標準偏差が20％だった場合を考えてみましょう。この場合、図から読み取れるのは、

マイナスリターンが、20％以内に収まる確率＝34・1％
マイナスリターンが、40％以内に収まる確率＝47・7（34・1＋13・6）％
マイナスリターンが、60％以内に収まる確率＝49・8（47・7＋2・1）％

年次リターンがマイナス40～60％になる可能性を見込んでおけば、確率的には、ほとんどのケースをカバーすることができることがわかります。第2章で、リスク資産が一時的に半分になっても大丈夫か？　というリスク判断の為のアイデアを書きましたが、それは、株価の変動を確率で表現するという、こんな理論的背景があるのです。

ポイント②　期待リターンに期待しない

投資家が、もっとも気になるのが、期待リターンです。先に結論を書くと、期待リターンは、正確にはわかりません。理由は二つあります。

一つは、長期の期待リターンを計算するには、過去のデータが不足していることです。たとえば、日経平均株価の20年間の期待リターンの平均を知りたいとします。ところが、日経平均株価は、１９５０年が始まりで、たかだか、70年弱の歴史しかありません。ユニークな20年の期間は、３・５ケースしかないのです。

たとえば、戦後復興期のハイパーインフレ時代が、１／３くらいの影響力がある一方で、バブル崩壊という金融史に残りそうな長期低迷期が１／３くらいを占めています。特殊な状況が大半を占めるデータを平均した結果で、これからを占うのは、少々、気が引けます。

もう一つの理由は、長期と言っても人間には寿命があるということです。１００年間、バイアンドホールドするのは、不可能です。もちろん、相続税や政治的異常事態による資産没収がなく王朝システムを構築できるとするなら、先祖代々、大きな財産が築けたはずですが、庶民には非現実的です。

とすると、期待リターンにしても、20年とか、30年単位で考えるのが、一人の人間の限界となります。しかし、実際の過去の相場を見ていると、**20年くらい堅調な期間が続いたかと思うと、20年くらい停滞期が続いたりすることは良くあります。**どうなるかわからない将来のリターンを算段に入れてしまうのは、無理なところもあるのです。

というわけで、「過去のデータを見せて、みなさんを投資に向かわせようという説明をする人」が来たら、気をつけるようにしましょう。**リターンをエサにあやしげな金融商品をあなたに売りつけてくるかもしれません**。

ただ、それでは困る、どのくらいか知りたいと思うのも人情です。

益利回りというのですが、市場がどの程度の利益を企業に期待しているか、ということからだいたいの株式のリターンを求めることができます。現在の株価が、その会社（インデックスの場合、市場）の何年分の利益に相当するかを数値化したＰＥＲという指標があります。そして、ＰＥＲの逆数を取ると、益利回りを求めることができます。ＰＥＲは16倍程度、つまり株式の時価総額を回収するのに16年かかる、というのがこれまでの市場の平均だと言われています。そこから判断すると、１÷16で、**６％ぐらいが、期待リターンの妥当な値**と考えられます。

ポイント③　分散効果を高める組合せ

現代ポートフォリオ理論では、分散効果を高めるには、相関関係があまりない資産を組み合わせると良い、と言われています。

異なるリスク資産を組み合わせるとき「リスク（標準偏差）」、「期待リターン」と並んで「相関係数」というパラメータを使います。相関係数とは、−１〜＋１の間を取る数値で、まったく同じ動きをするときは「＋１」、まったく逆の動きをするときには「−１」になります。

そして、相関関係が小さいほど、分散効果が高くなるのです。もし、全く同じ「リスク（標準偏差）」、「期待リターン」を持つ、資産Ａと資産Ｂがあって、相関係数が「＋１」の資産同士であれば、期待リターンもリスクも全く変わりません。分散効果が全くないのです。

一方、同じ条件でも相関係数が、全く逆の動きをする「−１」のときは、期待リターンは全く変わらずリスクだけがゼロになります。たとえばそのような組合せがあった場合、無リスクで期待リターンだけが残るという理想的なポートフォリオができます。（残念ながら、そのような組合せは、現実には存在していません）

ベストな分散法で最適にリスクを下げる

以上、リスク資産の「標準偏差」「期待リターン」「相関係数」という要素をご説明しました。最後に一例として、このモデルで日本株式と先進国株式を組み合わせると、どういう図になるかを示します。前提とした条件は、GPIFの平成28年度 業務概況書のデータです。

・期待リターン…日本株3・1% 先進国株4・5%（経済中位ケースの実質的なリターン）
・標準偏差…日本株25・17% 先進国26・21%
・日本株と先進国株の相関係数…0・69

すべての組合せをプロットすると、弓形のカーブを描くんですね。先進国株100%と日本株100%の点を結ぶ直線には、ならないんです。この図からわかることは、二つあります。

一つは、先進国株と日本株を半分くらいで組み合わせるとリスクが最小になることです。

分散するとリスクが下がる

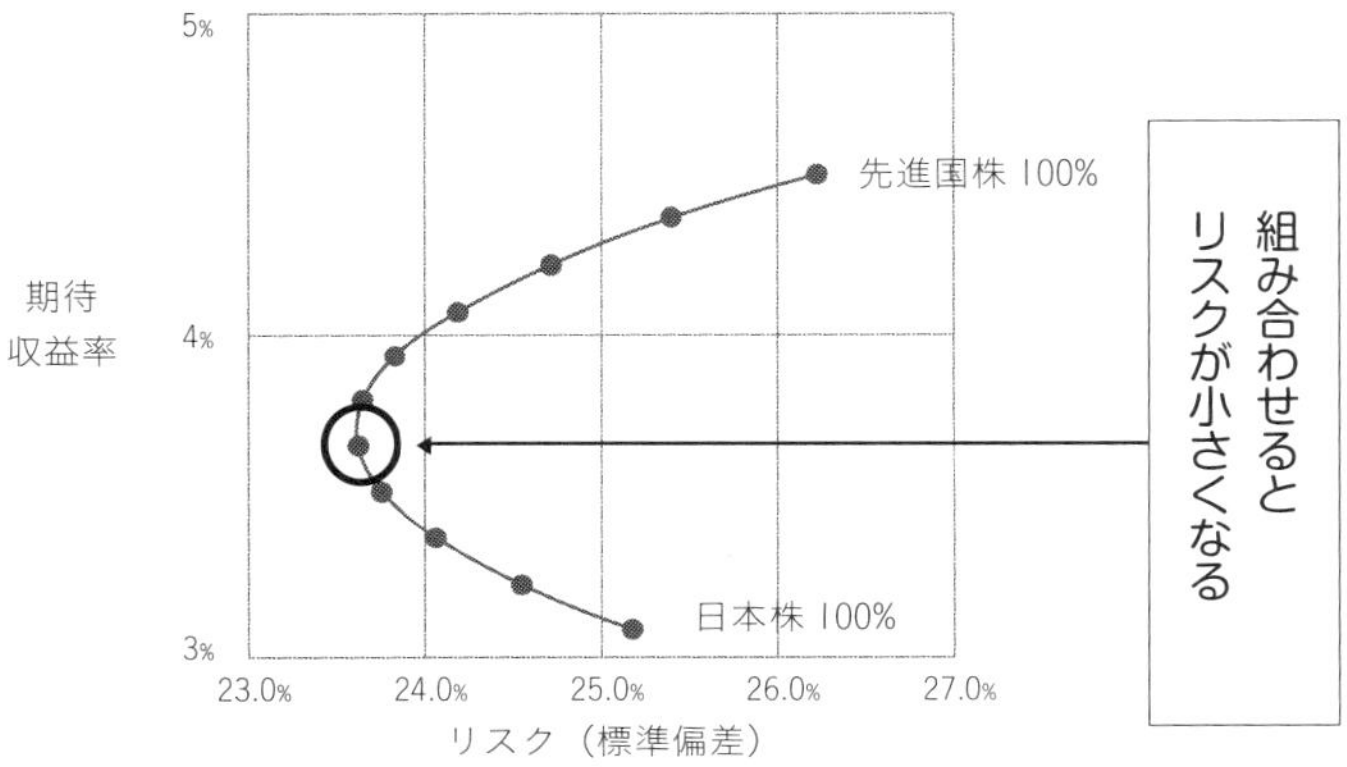

「ＧＰＩＦの平成２８年度、業務概況書」のデータを使用して筆者作成

不思議なのですが、同じようなリスクの資産同士なのに、**先進国株だけよりも、日本株を混ぜた方が、多少期待リターンは下がっても、リスクが下がります**。これこそが、分散効果です。

もう一つは、この例では、日本株の比率が増えると、同じリスクでもリターンが小さくなってしまう場合があることもわかります。現代ポートフォリオ理論では、分散すれば良いというものではなく、非効率的な組合せも存在することを示しています。ですので、効率的な組合せだけを選んだ方が良いとされています。これを「効率的フロンティア」と呼んでいて、弓形のカーブの上側の組合せです。

ただし、この組合せは、あくまで計算上の話です。計算のインプット条件である標準偏差、期待リターン、相関係数をどう見るかで、ころころ変わるのでそんなにこだわる必要はありません。ここでは、分散するとリスクを下げる効果があると言うことを示す弓形カーブのことだけをイメージしておいてください。では、分散効果を高めるには、どんな資産の組合せがいいんでしょうか。

債券購入は貯金でも代替できる

伝統的に分散効果が高いと言われる組合せが、株式と債券です。**債券クラスの役割をひと言で言うと、「株式資産のベストパートナー」**です。

債券というのは、早い話、「お金を貸すこと」。見返りは、「利子」です。国債っていう言葉を聞いたことはあるでしょうか。たとえば、ある国の国債を購入すると言うことは、その国にお金を貸すということで、多くは「利子」が付いて戻ってきます。覚えておいて欲しいのは、債券もリスク資産の一つであることです。金利で価格が変動するのです。

（1）金利が上がると、債券の価格は下がる。
（2）金利が下がると、債券の価格は上がる。

金利と逆に価格が変動するのです。株式クラスは、自己増殖する資産で長期投資におけるリターンの源泉です。しかし、期待リターンが高い反面、リスク（価格変動）も高めです。長期投資を続けるためには、なんらかのリスク低減策が望まれます。そこで、登場するのが債券クラスです。

ただ、近年、株式と債券の相関関係の低さは昔ほど期待できなくなってきているとも言われます。また、最近の国内はゼロ金利状態ですから、金利は上がる（つまり債券価格は下がる）方向のリスクが大きくなっています。そのため、**貯金など単なる無リスク資産で代用した方がリーズナブルとも言えます**。

ちなみにつみたてＮＩＳＡでは、節税効果を最大に上げることを期待して、株式１００％での活用をオススメしますが、全体のポートフォリオで見た場合には、何らかのかたちでの債券クラスや無リスク資産は必要です。

なお、よく似た名前ですが、個人向け国債変動10年というのがあります。この商品は「国債」という名こそ付いてはいますが、金利が上がっても価格は下がることはなく、元本は保証され、金利が上がれば単純に利子が増えるという「国債」らしからぬ無リスク資産です。ややこしいですね。しかし、**無リスク資産としての個人向け国債変動10年は、政府の信用もあるのでオススメ**です。私も利用しています。

為替リスクはある程度許容する

世界分散投資をする上で、どうしても避けては通れないのが、為替リスクです。最近では、為替リスクをヘッジするタイプの低信託報酬のインデックスファンドも増えてきました。しかし、為替ヘッジをすると、ヘッジコストがかかってしまうのです。

一般論としては、外国株式クラスは証券のリスクの方が為替リスクより大きいため、わざわざ為替ヘッジをしてコストをかける必要はありません。外国債券クラスは、為替リスクの方が証券リスクより大きいため、為替ヘッジをするべき、と言われていたりします。

ただ、外国債券クラスについては、ヘッジコストが、わずかな金利差に見合ったものかどうかが、判断できかねることや、外国債券と日本債券の金利差は、長期的には吸収され、両者の期待リターンは等価であるという考え方などから、そもそも外国債券に投資する必要はないと考える人も多いのです。為替リスクについては、長期的視野に立って、ある程度は許容し気長につきあっていくしかありません。

リバランスで超シンプルにリスク管理

インデックス投資は、カンタンなオペレーションでできる投資ですが、残念ながら、完全にほったらかしにできるわけではありません。これまでお話ししてきましたように、長期投資成功の秘訣は、リスクをうまくコントロールしてリスク資産を保有し続けることが重要です。運用中のリスクコントロールは必須で、ほったらかすことは不可能です。でも、心配は要りません。やることはカンタンで、大きくは、たった二つだけです。

(1) 1〜3年に1度リバランスをする。
(2) 5〜10年に1度、リスク許容度（リスク資産の割合）を見直す。

リバランスって何?

ここで、いきなり登場したのがリバランスというオペレーションです。リバランスって何でしょうか。リスク資産は、当然ですが増減があります。このため、大きく価格が変動したとき最初に決めたリスク資産の割合が崩れてしまうことがあります。

ちょっと例を挙げてご説明しましょう。たとえば私は、「リスク資産と無リスク資産の割合50%」でポートフォリオを作っているのですが、ある年、リスク資産が急上昇！40%も値上がりしたとしましょう。やった！というわけなのですが、ここは冷静に判断する必要があります。

リスク資産が40%も上昇すると、50%だったはずのリスク資産の比率は58%に増えています。(無リスク資産は変化なしとします)**これは、当初考えていたよりも、リスクを取り過ぎていることを意味しています。このときもう一度、リスク資産の比率を50%に戻しておくべき**です。そして戻す作業のことを、再度バランスを取る=リバランスと呼んでいます。

リスク資産が増えた場合

リスク資産が上昇！　やった！　で終わっちゃダメ

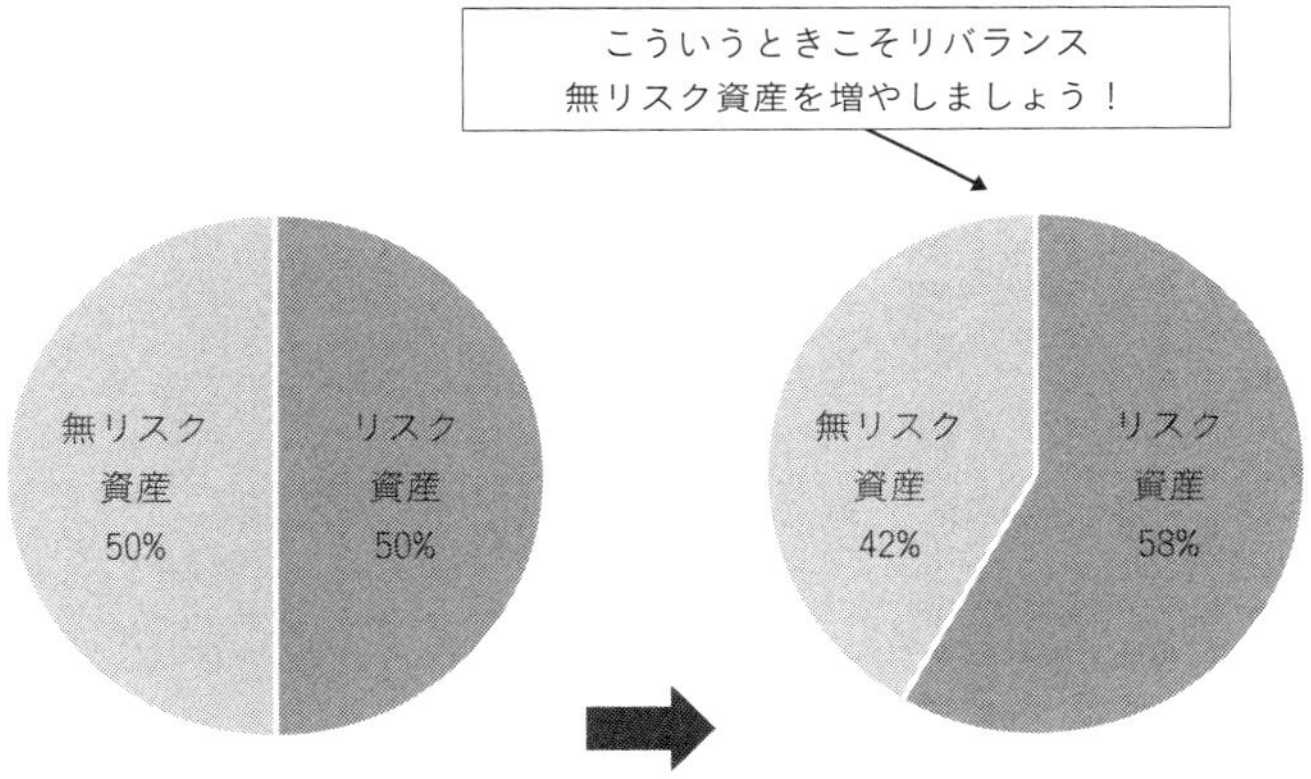

リスク資産が 40% 増えると全体の比率は・・・

リスク資産が増えた場合、リバランスの手法には二つあります。

（1）リスク資産を売る。
（2）無リスク資産を増やす。

この二つとどちらか、あるいは両方を組み合わせてリバランス作業をすることになりますが、（1）の方法がわかりやすいです。しかし、リスク資産を売ってしまうと利益を確定することになり譲渡益が出て税金を支払わなければなりません。

つみたてNISAの場合は、非課税の枠を放棄してしまうことになります。ということで（2）の方法を取れるな

らその方が良いでしょう。ただこれは、人それぞれの部分ですので、自分にフィットしたやり方を考えてみてください。

リスク資産が減った場合

以上は、リスク資産が増えた場合ですが、リスク資産が減る場合もあります。先の例で言えば、50%あったはずのリスク資産が、42%に減ってしまう場合です。この場合のリバランスの方法は、単純です。**まさに「買い場」が訪れている**のです。無リスク資産の資金を使ってリスク資産を買い足しましょう。ただし、この場合も二つの方法があります。

(1) 一気にリスク資産を買う
(2) つみたて投資の金額を増やして徐々に調整する

少しでも保有期間を稼ぎたいのであれば、(1)の一気にリスク資産を買うという方法が良いと思います。ただ、**一気に買ったらまた下がるかもしれない、などと考えている人が一気に買って、実際にさらに下がった場合の精神的なショックは計り知れません。**

ですので、（２）の積み立てる金額を増やすやり方の方が、普通の人が投資を続ける上では良い方法なのではないかと思います。これまた、人それぞれの部分ですので、自分にあったやり方を考えてみてください。

ただし、一つだけ言えるのは、**「リバランスをしない長期投資はない」**ということです。これはぜひ肝に銘じておいてください。うまく相場を読んで、と考える人もいらっしゃるかもしれませんが、**相場を読み違えてしょげてしまい、長期投資を続けられなくなっては、元も子もない**のです。

リバランスとは、長期投資の中核テクニックです。自動車で言えば、速度の調節。スピードを出しすぎても遅すぎても危ないわけです。適度な速度でクルージングしていきましょう。

リバランスの発動条件

リバランスは、いつどんなときにすれば良いでしょうか。定番と言われる考え方が二つあります。

（1）1〜3年に1回、リバランス

頻繁にリバランスをする必要はありません。コストや手間がかかりますし、リバランスには、（結果的にですが）利益を確定したり、お買い時に多めに買ったりする効果があります。（リバランスボーナスという呼び方をする人もいます）なので、ある程度期間をあけてリバランスした方が良いとも考えられています。

（2）資産の比率にレンジを持たせて、その範囲を超えたらリバランス

リバランスは、そんなに厳密なパーセンテージでする必要はありません。ある程度のレンジを見ておき、それを超えたら実施すればよいです。たとえば、インデックス投資のお手本、GPIFの基本ポートフォリオは、国内債券35％（±10％）、国内株式25％（±9％）、外国債券15％（±4％）、外国株式25％（±8％）で運用されています。（　）内に書いた数字がレンジです。けっこう幅を見ていることがわかります。

いずれにしても**リバランスのポイントは、「儲けたい」「損したくない」という雑念を撃ち払って、機械的に実施すること**です。

バランスファンドを買えば「リバランス不要」は間違い

さて、これまでの説明では、リスク資産と無リスク資産の比率についてのリバランスに視点を置いて書いてきました。しかし、リスク資産の中でもリバランスというのはあります。

たとえば、リスク資産の中身が、日本株、先進国株、新興国株、REIT（不動産への投資を行い、そこから得られる賃貸料収入や不動産の売買益を原資として、投資者に配当する商品）の組合せだった場合、当然それぞれのバランスがずれてくるケースはあります。

リスク資産間のリバランスを自動化する方法として、バランスファンドを活用する方法があります。バランスファンドの場合、そのファンドの目標比率にファンドの方で勝手に調整してくれます。**ほったらかし度を高めたい人には、オススメのやり方**です。

ただし、一点だけ注意しておいて欲しいことがあります。「バランスファンドを買えばリバランス不要」と言う話を聞くかもしれませんが、これは間違いです。バランスファンドがリバランスしてくれるのは、あくまでリスク資産同士の割合です。**金融資産のリスクを決定づける無リスク資産との比率は調整してくれません。ここは、自分で調整するしかありません。**

なお昨今、リスク資産間の連動性が高まっていることもあり、リスク資産同士の比率が崩れてしまってリバランスをするケースは減ってきています。バランスファンドを使わなくても、リスク資産間のリバランスを実施することは少ないかもしれません。

5～10年に1度は、自分のリスク耐性の変化も考える

さて、リスクコントロールでは、リバランス以外に、もう一つ重大な契機があります。それは、自分自身のリスク耐性に変化があったり、相場を経験して当初考えていたリスク許容度を変更したくなったりした場合です。

若いうちは、リスク許容度が高くても大丈夫だったのが、年齢を重ねるにしたがってリスク許容度が低下していくケースがそうですし、暴落を経験して、リスクに対する考え方が変わってしまうなんてこともあるでしょう。

ですので、**ライフサイクルに合わせて、5～10年に1度くらいは、全金融資産に占めるリスク資産の比率の見直しをすることをオススメします**。できれば暴落の時ではなく、相場が安定しているときに見直すべきです。暴落時は長期的に見れば「買い場」であることが多く、そんなときにリスク資産を調整するのは、あまり合理的ではない可能性も大きいからです。もともと、リスクを異常に取り過ぎていて、「明日の家賃にも困る」みたいな状態の場合、やむを得ないですが。もちろんそんな状態にならない方が賢明です。

リスク＝損することではない

さて、これまで、リスクについて説明してきましたが、要点をまとめると、こうなります。

- **リスクとは、資産価格の変動のこと。**
- **リスクは分散によって下げることができる。特に無リスク資産の比率が重要。**
- **リバランスによって資産全体のリスク量をときどきコントロールする。**
- **ライフサイクルに合わせてリスク量を見直す。**

一社（一国）集中型ではないインデックスファンドによる全世界分散型の長期投資は、一時的には損失になることもありますが、じっとふんばることによって長期的に利益をもたらす可能性の高い投資方法です。リバランスなどの手法を併用することで、長期的にみれば、リスクは、損ではなくトクに繋がるのだと理解しておいた方が、精神衛生上も実際の運用上もよいでしょう。あくまで、**損は一時的なものであって、いつか来るプラスリターンのための代償と考えられるかどうかが長期投資のキモ**と言えます。

株式の長期投資をする人は、損しようと思ってやっているわけではありません。最終的にはトクをしようと思っているのです。そのカギが（何度も書いていますが）「株式資産の長期保有」です。これはインデックス投資に限らず長期投資に共通する考え方です。手法の違いはあるにせよ、企業の継続的成長（ゴーイングコンサーン）を前提とした株式自体の自己増殖力に賭けているわけです。

株式の長期投資は損して得取るための旅なのですね。

第5章

暴落を利益に変える
シンプルなリスク管理法

ある日、市場はクラッシュする！

さて、これまでの章で書いてきたことを超要約しますと、「株式は長期保有すれば儲かる可能性が高い」となります。ただ、持っているだけでいいのです。でも、こんなにカンタンなのに、なぜ、長期投資の成功譚《たん》が少ないのでしょうか。

その最大要因と思われるのが、マーケットのクラッシュ（暴落）です。株式投資をしていない人でも、暴落や不況の話は、よくご存じだと思います。暴落になると、それまで威勢の良かった人が視界から消えてしまうと言うのは良くあることです。**リスクを取り過ぎていた人が、いろいろな面で一気に破綻してしまいがちなのが、市場のクラッシュ**です。

危機は突然あさっての方向からやってくる

世の中は、いつも危機探しに夢中です。「マーケットにはこんな不安材料がある、安心してはいけない」と言う言説がいつも流れています。しかし、本当の危機はメディアや論者が「危機が来る」とはやし立てるときではなく、**ある日突然あさっての方向からやってきます。危機を予測することは不可能なのです。**

私が運営するブログでは、マーケットが堅調なときと急落があったときの反応に差があります。マーケットが堅調なとき「浮かれていてはいけない、いまこそリスク許容度をよく考えてみよう」と書いたときより、マーケットが不調になって、「ここここそが踏ん張りどころだ」と書いたときの方が、アクセス数が多いです。

やはり、人間というのは、いざというときが来ないと「いざというときにするべきこと」を考えることができないものだなあ、と思います。でも、大丈夫。私自身、いざというときが来てから考えるタイプですが、なんとか投資を長く続けてきてます。**経験則ですが、暴落をやり過ごすことが長期投資の成功要因の８割以上を占めます。**

この章ではこれまで述べてきたことを含め、一章まるまるマーケットのクラッシュにどう向き合うかについてまとめます。みなさまの長期投資の旅の糧《かて》になれば幸いです。

悲しみに暮れる前に必ずするべき4つのこと

本来は病気と同じで予防が大切なのですが、えてして痛くなってからじゃないとお医者さまには行きません。「なんで、こんなになるまで、ほったらかしにしてたの！」とお説教をされても、痛みは増して泣きたくなるだけです。

というわけで、急落に備える話をする前に「急落が起きてしまったらどうするか」というお話を先にしておきます。

①とりあえず「休む」

危機が訪れたときにはあわててはいけません。判断を誤ります。暴落に対処する極意中の極意が、「何もしない」「休む」です。更に長期投資家として、理想的なのは、「ハッと気が付いたら嵐は過ぎ去っていた」ではないかと思うのです。

『ピーター・リンチの株で勝つ』という本のプロローグで、１９８７年10月19日の大暴落

（いわゆるブラックマンデー）の時のことを触れているのですが、リンチ氏は、そのとき、アイルランドで奥様とご一緒に休暇をすごしていたそうです。

リンチ氏は、暴落を知った休暇の終わりの日にレストランで何を食べたか忘れてしまったくらいびっくり。なにしろ、リンチ氏の伝説のマゼランファンドの時価総額が、たったの１日で当時のアイルランドの GNP に匹敵するくらい（20億ドル、18％減）下げたのです。翌日、急いで帰国して、解約に必要なだけのキャッシュを作るために株を売る指示でいっぱいいっぱい。幸い解約は３％程度だったそうです。

この時の教訓というのが、実にユーモアたっぷりです。

・こんなことで、自分のポートフォリオを台無しにするな。
・こんなことで、素敵な旅行を台無しにするな。
・キャッシュポジションの低い時に旅行するな

キャッシュポジションというのは、資産のうち現金で持っている比率です。ブラックマンデーのその後は、どうなったか？　これはいうまでもありませんね。米国株は、その後も長期的に見れば、大きく成長を遂げるのです。

サラリーマンの「つみたて力」はプロもうらやむ最終兵器

休むと言っても、ホントに何もしないわけではありません。**嵐が来ようと何が来ようと、ひたすら積み立てましょう。むしろ、積立額を増やす検討をする**のです。映画に出てくる不滅型のロボットの如く、どこまでもどこまでも積み立てる姿をイメージしてみてください。ミスターマーケットも恐れをなすに違いありません。

実は、これこそプロのファンドマネジャーすらできないプロもうらやむ最終兵器なのです。プロのファンドマネジャーの場合、解約はどうすることもできませんが、サラリーマン投資家の場合は自分の胸一つです。

我々シロート投資家は、情報力、投資の知識と経験、資金の規模、すべてにおいてプロの投資家に負けています。そんな私たちにとってプロには絶対できない、たった一つのこと。それが、**長期的視野に立って投資を続けること、暴落が来ようと動じないこと**なのです。個人投資家が、これを放棄しては、市場に勝つ術を失ってしまいます。

もしあなたが資産運用を始めるに当たって、リスク許容度について多少なりとも考えていたのだったら、リスクは想定内だったはずです。本書でオススメしている投資手法は、月々の収支のうち一部を積立てるだけの投資です。基本的には、何も悩む必要なくひたすら積み立てていきましょう。

②ポートフォリオのリスク資産比率をチェック

急落があった場合、私が必ず最初にすることがあります。それが、ポートフォリオのチェックです。たとえば、あなたが、1000万円の資産をリスク資産50%（500万円）無リスク資産50%（500万円）の割合で運用していたとします。そして、ある日ある時、株価が急落したとします。すると、あなたの資産はどうなっているでしょうか。まず、金額で見てみましょう。

・10%下落　リスク資産500万円↓450万円　50万円減った。
・20%下落　リスク資産500万円↓400万円　100万円減った。
・30%下落　リスク資産500万円↓350万円　150万円減った。
・40%下落　リスク資産500万円↓300万円　200万円減った。
・50%下落　リスク資産500万円↓250万円　250万円減った。

こんな風に見てしまうと、株価が50％下がったとき、「げげっ、車が1台買えるじゃん、ああ、あのとき売っておけば……」と後悔します。いえいえ、たったの10％下落でも、「50万円あったら海外旅行に行けたのに！」となりがちです。ポートフォリオを考えたとき、**「半分くらい減ってもへっちゃらさ」と思っていても、いざその時が来ると悲しみにうちひしがれてしまうのが人間**です。で、「地道に貯金しよう」とシフトして、これからが勝負の長期投資を止めてしまったりするのです。金額で見るのは、原則としてオススメできません。

私が実践しているのは、ポートフォリオのチェックと言っても、金額のチェックではありません。**比率のチェックをする**のです。すると、さっきの例は、こうなります。

・10％下落リスク資産比率は、50％→47％
・20％下落リスク資産比率は、50％→44％
・30％下落リスク資産比率は、50％→41％
・40％下落リスク資産比率は、50％→38％
・50％下落リスク資産比率は、50％→33％

こうやって見ると少し冷静になれます。リバランスの観点で見てみるのです。もしあなたが、リバランスの条件を「リスク資産45％未満になった時」と決めていたとしたら、10％下落ではまだリバランスしなくてよいのです。メディアが騒ぐ多くの急落は「一日で数％の下落」がほとんどです。このレベルでは、いちいち大騒ぎをしなくなります。

さすがに50％下落では、リスク資産も33％に減ってしまって大変なのですが、逆に**「無リスク資産が67％もある。いっぱい買えるじゃん。」という見方をするのです**。どのみち、そこまで下落すれば、リバランスしなくてはなりません。もともと余裕資金で運用している長期投資です。少しでも前向きに考えるべきです。実際、このときこそが10年に一度訪れるか訪れないかの「買い場」なのですから、長期投資家としては資産が減って悲しみつつも、喜ぶ局面なのです。

③スポット買いの誘惑に耐える

さて、これまでは、株価が急落して、悲しみにうちひしがれてしまうケースを想定して書いてきました。しかしある程度相場慣れしたときに陥るのが、「スポット買い症候群」です。「ラッキー、今がチャンスだ！」と買いたくなっちゃうのです。でも、これは、少々危険です。まだ株価は下がるかもしれないからです。

暴落は、長期投資家にとってある意味喜ぶ局面。ですが、喜びすぎるのはいけません。株価というのは急落するけれど、じわじわ、ゆっくりとしか回復しないということが多いのです。**「買い場」はありがたいことに、すぐには逃げていきません**。ですので、あくまで冷静にリバランスの観点で見ることをオススメします。

一方、リスク資産が急上昇したときに逆のことが起きます。こちらは「利益確定症候群」とでもいうのでしょうか。必要以上に売ってしまうのです。先の例で言えば、リスク資産の比率が55％に上がった時、リバランスで50％に戻せばいいのに45％ぐらいまで売ってしまうような行動です。これも運用を比率ではなく金額で考える人が陥りやすい罠です。

株価には、暴落とは逆に急騰局面もあります。『敗者のゲーム』という本では、『「稲妻がきらめくとき」（株価が急騰するとき）がパフォーマンスに与える影響が大きい』と指摘しています。売ってしまうと、その先にあるかもしれないチャンスを失ってしまう可能性もあるのです。

売る場合も買う場合も、長期投資家は全運用資産に占めるリスク資産の比率を見て、判断するように心がけるべきです。**「ポートフォリオは比率で見る」これは、普通の人が投資を継続するための極意**です。

④自分のリスク許容度を振り返る

急落したときは、自分がどの程度のリスク許容度を持っているかを知るためのチャンスでもあります。これまで述べてきたように急落したときの投資行動として絶対金額を用いるべきではありません。しかし、リスク許容度を決める場合、絶対金額で見た方が良い場合もあります。運用資産額が１００万円の時、５００万円の時、１０００万円の時では、それぞれ心のリスク許容度は変わるからです。

相場が堅調な時に、運用資産額に応じたリスク許容度を見極めるのがベターではあるものの、人間というのは、いざというときが来ないと「いざというときのこと」を考えられないものです。勉強ということで、このチャンスを活かしてみてもいいかもしれません。ただし、リスクを落とす場合、相場が堅調なときの方が良いに決まっています。急落の場面では、じっと踏ん張って積立てを続けるべきです。

暴落をやり過ごす7つの智恵

さて、株価が暴落や急落したときに何をすべきかをお話ししてきましたが、ここでは、暴落が来る前に持っておくと良い心構えを、これまで述べてきた内容の復習も兼ねて7箇条にまとめてみました。

①分散投資

分散投資をすることは、長期投資において必須です。分散の目的は、リスクを下げること。インデックス投資家の場合、ポイントはたった二つだけです。

(1) インデックスファンドを買って世界分散する。
(2) 無リスク資産を組み合わせる。

インデックス投資は、分散の考え方が非常に単純であるのが特徴です。インデックスファンド自体がすでに分散されているのです。

②つみたて投資

サラリーマンの資産形成の基本にして極意。それが、つみたて投資（ドルコスト）です。前述のように、暴落時こそ、黙々とドルコストをするべきです。

たとえば、暴落前にリスク資産を月2万円、無リスク資産（貯金）を月2万円積み立てていたとします。暴落後には、これをリスク資産月3万円、無リスク資産月1万円に配分変更するのです。これによって減ってしまったリスク資産の比率を元に戻すべく、リバランスをすすめるわけです。

リスク資産の下落率が大きい場合、この程度では追いつかないかもしれません。その場合は、手持ちの無リスク資産をドルコストの原資として、リスク資産を更に積み増しして月5万円にしてもいいでしょう。金額は例です。自分自身の資産の状況に合わせて考えてください。**目安としては、1〜3年で、もとの比率に戻るくらいの積み増し額にする**のが無難ではないでしょうか。

また、つみたて投資（ドルコスト）をしていると、相場の危機が来ても「安く買えてラッキー」と思えます。ドルコスト自体がお金を増やすわけではありません。しかし**ドルコストは、いわば無料の精神安定剤の役割を持っている**のです。これは、普通の人にとっては、ありがたい御利益なんですね。

③キャッシュポジション

「ああ、キャッシュを持っておけば良かった」暴落が起きるたびに聞かれる声がこれです。なぜ、こんな声が巷にあふれるかはカンタンですよね。暴落前というのは往々にして相場が好調です。**調子に乗っちゃう**わけです。このときキャッシュを増やすと、その分、資産全体のリターンは低下します。つい欲の皮が突っ張ってしまうわけです。でも、暴落時には、キャッシュは最強です。キャッシュの持つ流動性は、安心感だけではなく、当座の生活を考える上でも助かります。また、リバランス資金にもなり回復期に向けたリターン向上の礎《いしずえ》になるのです。

何はなくともキャッシュ比率

この言葉を胸に刻んで、キャッシュすなわち無リスク資産の比率を資産設計の段階で決めておきましょう。

④少額投資

積立てのコツの一つに**「なかったと思えるくらいの金額にする」**というのがあります。たとえば、源泉徴収の税金や社会保険料ってけっこういくら払っているか忘れていますよね。忘れたくなるほど払っていると言うべきかもしれませんが、このマインドになれる程度の積立額にするのです。この境地に到達することができると、暴落期は知らない間に過ぎ去っていきます。

プライベートな話ですが、私の妻はリーマンショック直前につみたて投資を始めていました。本人は投資に全く興味がなく、私が主導して積立てを始めたのです。当然積み立てていることを知らせてはいたのですが、本人はきれいさっぱり忘れていました。

8年くらいたったある日のことです。私が、「そう言えば、口座をちゃんと見ている？」と聞くと、なんと妻は8年間1回も口座を見たことがなく、口座のパスワードまでどこにメモをしまったか忘れかけていたのです。（口座の放置はセキュリティ上危険ですので、気を

ダメダメなイメージの日本株でも配当金はしっかり出ている

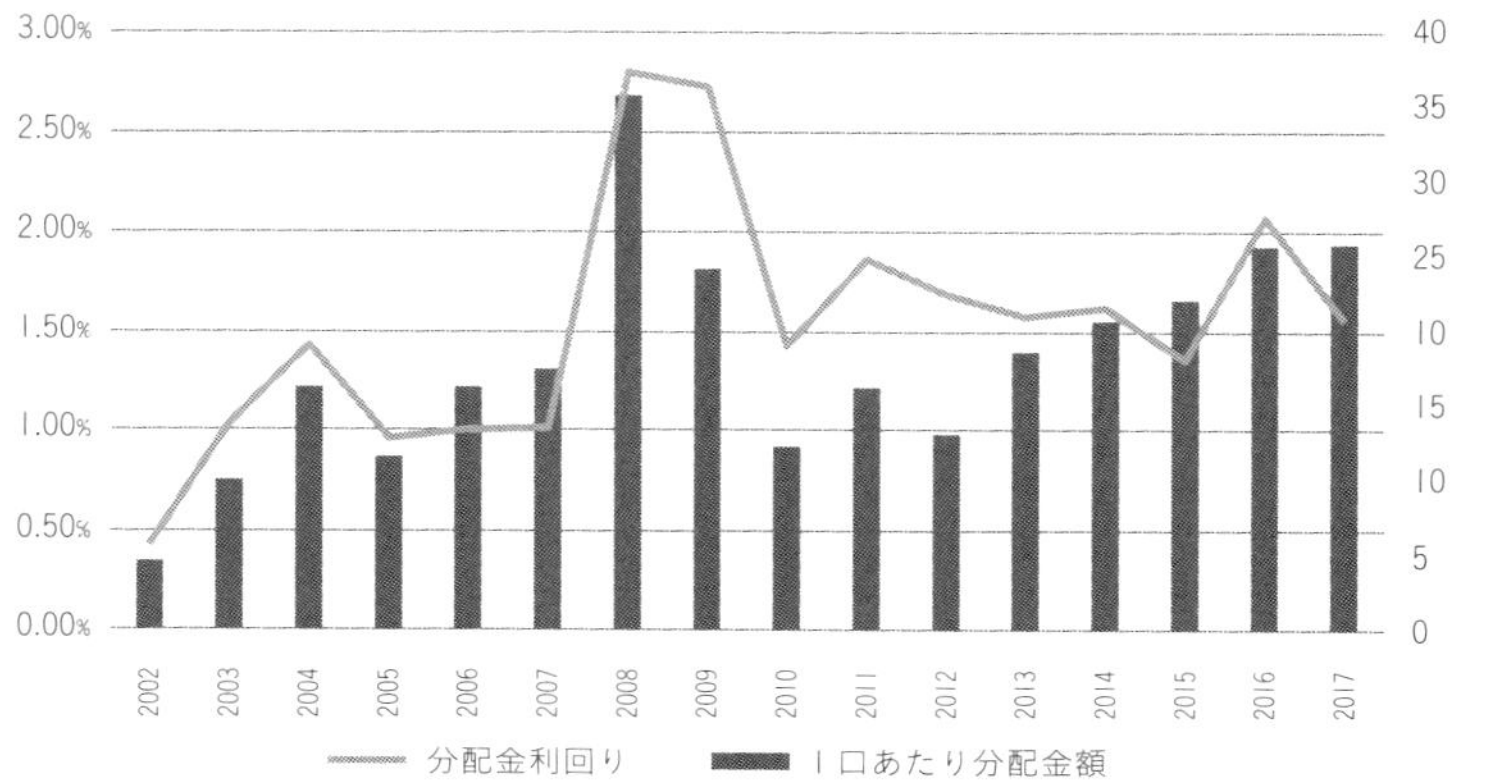

「日興アセットマネジメント　上場インデックスファンドＴＯＰＩＸ
（銘柄コード：1308）」のデータから筆者作成

つけてください）

　あわててログインしてみたら、リーマンショック後の相場回復で、積立てていた小さな資産はちゃんと増えていたのでした。ある意味、究極のほったらかし投資術を妻から教えてもらった私でした。

「いけるかな？」と思う割合の腹八分目、いやいっそのこと半分くらいが長続きの秘訣なのです。でも口座放置は危険なのでゼッタイ止めてくださいね。

⑤配当金への着眼

　分配しないタイプのインデックスファンドで積み立てている場合には、関係のない話ですが、ＥＴＦを活用していたりすると分配金が出ます。株式投資というのは、投資家が株式会社に出資し、儲かったら配当で還元してもらうというのが、原初的な仕組みです。そして、暴落の時期にも配当（インカムゲイン）は安定していたりするのです。右図は日興アセットマネジメント上場インデックスファンドＴＯＰＩＸ（銘柄コード：１３０８）の分配金推移です。ダメダメと思われがちな日本株においてさえ、安定的に分配金（インカムゲイン）が出ているのがわかります。リーマンショック直後の年に至っては、基準価額が下がったこともあって、利回りが上がっています。そして、当たり前ですが

「配当」って、売ってしまったらもらえなくなるのです

暴落の時、売ってしまったら配当がなくなることをイメージすると、投資を続けるモティベーションになるかもしれません。もちろん資産形成の上では、**分配金は課税されてしまうため、配当込みの指数に連動して分配金を出さないタイプのファンドに投資をするのがオススメ**です。

でも分配金の出ないタイプのインデックスファンドを持っている人も、投資先の配当は

内部に留保されています。そのことを思い出して見てください。今ここで売っちゃったら、内部に留保されている配当金が減っちゃうのです。そうすれば売りたい気持ちが減ると思います。

⑥ゴールの遠さを想像

我々は長期投資をしています。長期投資のゴールは、少なく見積もっても「定年」、あるいは「年金受給開始」、長く見れば「死ぬまで」、達観すると「子孫が途絶えるまで」です。**人生は思ったよりも長く、ゴールはずっと先**なのです。暴落ごときで止めてしまっては、長期投資じゃなくて短期投資になってしまいます。「短期」は、「短気」につながり、「損気」になるのです。

⑦お金のことを話せる仲間

投資というのは、ある意味孤独な作業です。お金の話を他人とすることはなかなかないはずです。でも、仲間がいることは、何かを続けるときの心の支えとしてはかなり強力です。

これは、私が十数年ブログを続けてきた実感です。相場が荒れたとき、長期投資を続けている仲間がいることは、少なからず励みになりました。最近では、金融庁さんが主催するような意見交換会や、コツコツ投資主体のオフ会、あるいはSNSなどを通じての情報交換も行われているようです。仲間をつくっておくことは、けっこう大切です。私のブログには、投資をしているみなさんへのリンクがたくさんあります。多くの普通のサラリーマンが、インデックス投資やいろいろな投資をしていることがわかります。仲間がいれば、苦しいときも楽しいときも心の支えになること間違いなしです。

無敵のポートフォリオを作成する二つのコツ

ポートフォリオ作りは10年かかる。先にも述べましたが、ポートフォリオを作るには時間がかかります。理由は、**自分にとっての「適温」を知るのに時間がかかるからです**。証券会社のサイトには、いくつかのカンタンな質問に答えて、あなたには、こんなポートフォリオが適切です、と出てくるような診断プログラムがあります。しかし、これでは本当のリスク許容度はわかりません。設問が少なすぎますし、その場その場で自分の気持ちはぶれていきます。やはり**自分で実際に投資をしながら、感じ取っていくべき**なのです。そんなリスクに対するアプローチには二つあります。

①リスクを上げながら考える

つみたて投資を始めたばかりのころは、こちらになります。投資も経済も世間の勉強も、あまりしないで、投資を始めても、リスクはじわじわ上がっていきます。やりながら投資の勉強をすることができます。できるだけ早く積立てを開始することで、長期投資のリードタイムを少しでも伸ばすことができます。

②リスクを下げながら考える

時とともにリスクを取り過ぎているという状態になることがあります。たとえば、

- 歳をとった。
- 給料が下がってしまった
- 子どもの教育費が増えてしまった
- **調子に乗りすぎていたことが判明した**

なんて時です。こういった場合は、リスクを下げるべきです。人生の節目が一つの契機になりますが、できれば相場が好調なとき、考えて欲しいことがらでもあります。ポートフォリオは、いろいろな答えがあっていい世界です。ただし、忘れてはいけないのは、暴

落は、いつ起きるかわからないということ。仕事で缶詰状態、または長期の海外旅行中かもしれません。いつ調整しても耐えられるポートフォリオ作りを目指しましょう。

私が暴落をやり過ごせた3つの要因

本章の最後に、私の暴落体験も少しお話ししましょう。私は、1984年に社会人になってから30年以上のサラリーマン生活で、3回の大きな暴落を経験しました。どんな感じでやり過ごして来たか、ちょっと振り返って見たいと思います。

1990年 平成バブル崩壊

・持ち株会で自社株を積み立てるも、なぜか暴落をラッキーと思い積立口数を倍額に。
・蓄財の主力は、社内預金と財形貯蓄。
・働いた。

2000年 ITバブル崩壊

・バブル崩壊直前に、分散投資の必要性に気付き、持ち株会退会&投信の積立てを開始。

・貯金は継続。
・働いた。

2007-2008年　サブプライム・ショック〜リーマン・ショック

・投信（インデックスファンド）の積立てを継続。積立て口数も増やす。
・さすがに学習し、意識的に運用資産の半分を無リスク資産とするようになった。
・働いた。

こうして振り返って見ると、私が暴落をやり過ごせた理由がはっきりします。要因は３つ。

・積立を継続する。
・無リスク資産をしっかり持つ。
・収入を得るため働く。

当たり前のことをたんたんと続けることが、大切であると、身をもって知った私でした。

さてここまでは、開始〜運用のコツについて書いてきましたが、次章から私のアーリリタイアやインデックス投資などの出口戦略について書いていきましょう。

第6章

アーリーリタイアする時チェックしたこと

アーリーリタイアを決断した3つの理由

本書冒頭で書いたように、私は突然アーリーリタイアしてしまうことになりました。早期退職勧奨を受けた私がアーリーリタイアを決断した理由は、主に3つあります。

①死ぬまで生きる算段が付いた

お金の算段が付かないことには、アーリーリタイアは不可能です。私の場合は、サラリーマン人生と子育てが終焉に近付き、残りの人生に必要なお金が減っていたところに、早期退職優遇制度による割増退職金をもらえたため、一気に算段が付いてしまったのです。

②母親の介護の心配が出てきた

私は、妻、ムスコ二人、そして、実母と一緒に暮らしています。そして、ちょうど、退職勧奨があったときに、どうも母の様子がおかしくなって来ていました。「ああ、そろそろ介護かな」そんな予感がしていました。そうなると、やはり、仕事のスタイルも変わっていく必要があります。そんな矢先に、こんな話です。人生にはいろいろな符合があるものです。

③その会社での私の使命は終わった

「生涯現役」これを口にする人は多いです。ただし、同じ場所で、同じ役割で、同じように仕事を続けられるとは限りません。**継続には変化が必要なのです。**私の場合、それは会社を辞めることを意味していました。

実は、私が退職勧奨をされるさらに4～5年前、業績と言うより政治的な要因も絡み、会社自体も再編され、会社の名前も変わり、当然会社の経営陣の主流も変わって、私にとって、自己実現の場でもあった会社は、一転して住み心地の悪い場所になってしまっていました。

しかし、その時は、もう50歳です。「あと10年の辛抱か」と考えて居座っていようかと思ったのですが、かつての栄光しかない50代の人材を会社が放置するはずもなく、退職勧奨されるに至ったわけでした。**会社にとっても、私自身にとっても、私のロールはなくなっていたのです。**

チャンスは二度と来ない

私が、退職勧奨を受けたのは、2015年。アベノミクス効果なのか、世間の景気回復とともに会社の業績は回復基調にありました。世は人手不足になりつつある。折しも、そんな情勢の中でのコストをかける早期優遇制度の発動です。しかも、人事部門は何を勘違いしたのか、例年よりも優遇条件が良くなっていたのです。

会社によっても違うと思いますが、早期退職優遇制度というのは、いわば、在庫一掃セールの人件費版です。会社側としては、けっこうなコストをかけます。一時的にその分の損失が出ても、翌年からのキャッシュフローは改善されるという寸法です。ビジネスが堅調に進むようになれば、数年で回収できるというもくろみの元に行われます。

「もう、来年は、この制度の発動はないな」投資の世界では「予測は不可能」を座右の銘の一つにしている私ですが、ここは予知能力を全力発揮です。

退職勧奨を受けたのは、私がちょうど54歳の誕生日を迎えたときでした。まさに、世間一般で言うところのリストラ世代。この会社にいるのは、定年まで6年、再雇用があったとしても、プラス数年、というところです。もしアーリーリタイアするなら、私にとっては、ラストチャンスでもありました。というか、ちっともアーリーではない年齢です。

ソッコーで方針転換

世の中には、「アーリーリタイア願望」と言うのがあります。アーリーリタイア（早期退職）とは、普通よりも、ちょっと早く、あるいは、すごく早く仕事を辞める生き方です。サラリーマンだったら、「仕事が苦しい」「もう会社を辞めたい」「会社どころか仕事を辞めたい」「一生遊んで暮らしたい」などなどと、一度くらいは、こんな妄想にとらわれたことがあるのではないでしょうか。40代で早期退職、いや30代、いやいや、もうガマンできない20代で早期リタイアだ。ブログなどを見ていても、アーリーリタイアを目的に活動されている方もたくさんいらっしゃいます。

そんな声がある一方で、早期退職勧奨というと、「はじめに」に記したような、木枯らし寒い寒い的なイメージがあります。色でいうと煮しめ色。私ものんきな調子で書いていますが、世間的に見ればそう言う状況でもありました。私の同世代の方、あるいは、私のちょっと後の世代であるバブル入社の方でも、悩んでいる方がたくさんいらっしゃると思います。

私の投資の目的は、あくまで老後の余裕資金作りの一助という位置付けでした。積極的にアーリーリタイアをするために資産形成をしてきたわけではありません。はたして、そんな私がアーリーリタイアできるのでしょうか。熟考が必要です。

なんですが、ちょっと考えただけでわかりました。「あれ？ アーリーリタイアできるじゃん」即決で、人生設計の方針を変更しちゃった私でした。人生は、インデックス投資よりはるかにドラマティックに、そしてのんきに急展開してしまうのであります。

3つのシンプルな判断基準

家に帰って、再度、計算して見たのですが、すぐ結論が出ました。「だいじょうぶ」この理由に至った算段はカンタンです。ひと言で言えば、私が、**アーリーというには、少々歳を取っていた**ことにあります。知らない間に、**残りの人生に必要なお金が減っていて、**

お金は足りそうだという算段が付いたのです。

本書をお読みの方の中には、アーリーリタイアを考えている方もいらっしゃるでしょうから、個人的事情を踏まえながら、アーリーリタイアの算段について、少し、書いてみましょう。観点は、（1）年金はどのくらいもらえるか？（2）年金受給開始までの生活費は？（3）運用資産はどうなるか？　3点です。

①年金は足りるか

老齢基礎年金は、満額で約78万円、月6万5000円弱。これではさすがに厳しい、というわけで年金にはいわゆる2階、3階と呼ばれる部分があります。

（1階）老齢基礎年金
（2階）老齢厚生年金
（3階）企業年金、確定拠出年金など

（2階）は厚生年金の報酬比例部分。（3階）は、私の場合、企業年金でしたが、現在では、確定拠出年金制度、あるいは企業年金との併用が主流になりつつあります。（2階）と（3階）

の特徴は、たくさん払うと（稼ぐと）それに見合った金額がもらえるところ。上限はありますが、たくさん稼いで長く働くほど、年金額が増えるという仕組みです。確定拠出年金の場合は、運用次第と言うことになります。

逆に言えば、いくら保険料を払えるかわからないうちは、いくら年金をもらえるかわからないということになります。このため、30代、40代では、ちょっと年金額の見通しを立てるのが苦しく、**50歳を過ぎたあたりにならないと見えてこない**のです。

幸いなことに、私は、そのハードルは越えており、ある程度の年金の見通しを立てることが出来ました。**なんてったっていまや「ねんきんネット」があります**。毎年送られてくる「ねんきん定期便」というハガキには、このまま同じ収入（標準報酬月額）だった場合の年金額が書いてありますが、アーリーリタイアの算段のためには、退職してから1号被保険者（ないしは3号被保険者）となった場合の年金額を計算しておく必要があります。「ねんきんネット」では、受給開始年齢を繰り下げた（65歳ではなく先にも延ばして受給月額を増やす）場合などなど、いろんなケースをさくっとシミュレーションできちゃうんですね。本当に便利な世の中です。

インデックス投資で培われた計算力が役に立つ

アーリーリタイアを考えている人でも、途中で仕事を辞めてしまうと大幅に年金額が減ってしまうことをきれいさっぱり忘れている人や、逆に、年金はもらえないものとして、ものすごく手堅くリタイア資金を考えている人がいます。

年金については、リスク資産の運用と同じように**楽観的過ぎても悲観的すぎてもいけない**と私は考えます。何か普通と違ったことを起こすには、使えるものは使い切って、冷静に読み切る必要があるのです。こういう計算力が、人生を有効に使う上では、とても重要です。

私の人生の損益分岐点は65歳までの生活費だった

私の場合、「ねんきんネット」でわかったことは、厚生年金は32年間の加入で保険料の納付額が、自分でもびっくりするくらい積み上がっていたことです。企業年金も合わせると、このまま無職だったとしても、私の年金分だけで現在のベーシックな生活費分くらいはもらえることがわかりました。実際は、妻も年金をもらえるので、その分は家計としての余裕資金になります。

「ねんきんネット」のおかげで、わずか30分くらいの作業で、年金受給開始後も年金だけでも死ぬまで死なない程度に暮らせることがわかりました。私の場合、年金受給開始の65歳までの生活費が足りるのであれば、アーリーリタイアがぎりぎり可能。いわば、65歳までの生活費が、私の人生の損益分岐点でした。年金のおかげで、**長さのわからない長生きリスクの問題が、有限のお金の問題に置換された**わけです。

②生活費は足りるか

さて、その65歳までの生活費ですが、結論を先に書くと、「支出の自然減で、年金受給開始までのベーシックな生活費は、割増退職金だけで十分にまかなえる」でした。これは、もう、私をリストラした会社に感謝するしかありません。人生には、お金をたくさん使うときがあります。「人生は有限。お金は使うべきに使え。やりたいことは体力があるうちにやれ」が個人的な信条でした。そして、**お金をたくさん使う人生の峠は越え去りつつあることに気が付いた**のです。

仕事を辞めると自然と支出が大幅に減る

私の場合、辞める直前のキャッシュフローをチェックしてみると、3つの大きな支出費目がありました。

(1)住宅費(ローンなど)
(2)子育て費(教育費など)
(3)雑費

この3つの費目だけで、なんと、全体の支出の3分の2くらいを占めていました。もうびっくりです。残りが、ベーシックな生活費です。ところが、人生のタイミングというのは不思議なもので、これらの大きな支出が早期退職の時期に一気に整理されることに気が付きました。住宅ローンは、繰上返済で完済できる見通しが立ち、教育費は、もはやムスコの大学の学費のみ。これはすでにストックとして別途確保済みでした。(もちろん、アーリーリタイア後の生活費からはその分、差し引いています)

仕事を辞めて減る支出は大きい

面白いのが、雑費です。いろいろ分析してみると、**会社に勤めていることに付帯する出**

費が大きいのです。私、会社関係にはお金を使う方でした。飲食費しかり、スーツ代しかり、本代しかり。家計の中では、生活費とは別枠の私の管理するお金で処理していました。これが、考えてみるに大幅に減りそうだったし、その後、サラリーマンを辞めてみて、仕事を理由に無駄遣いをしてたんだなあ、と実感することになりました。

アーリーリタイア後の生活費は、年金受給開始するまでのベーシックな生活費とせいぜい私のちょっとしたお小遣いくらいを考えておけばよく、昔、「もしもアーリーリタイアをしたらどうなるか」などと、なんとなく考えていたときに比べれば、必要なお金は、ぐっと減りました。

住宅を購入すべきかどうかは超重要

やはり、大きかったのが、住宅ローンです。家を建てた当時の収入から考えて、目一杯の金額でローンを組んでいたので、年間の返済額はけっこう大きかったのです。インデックス投資家になる10年前の決断だったとは言え、コストにうるさいインデックス投資家としては痛恨の選択だったのかもしれません。

しかし、ローン完済後の今となってしまえば、アーリーリタイア後は、住宅費を大幅圧縮できるし、本当の本当にいざというときが来たら、売ってしまえばいいわけです。家があったから出来た趣味もけっこうあります。想い出もそれなりにできました。というわけで、**結果オーライと考えることにしています。**

③老後の運用資産は確保できるか

最後は、私の資産形成の目的であった、老後の余裕資金の確保です。アーリーリタイアを優先して、これが、なくなってしまっては、残りの人生がさみしすぎます。でも、これは、単純でした。その1、その2で述べたように、ゴールが近くなっていたこととそれなりに働いてきたことが幸いして、もはや、一生分のお金は、年金と割増退職金でまかなえ、しかも、多少の余裕があります。

そして、リーマンショック後の株価回復もあって、これまで運用してきた資産は、老後の余裕資金の目標金額であった年金10年相当分にすでに到達していました。ですので、これをこのまま売らずに、保有していけばいいだけです。私の場合、決断の根拠がとてもシンプルだったので、わずかな時間でアーリーリタイアに踏み切れました。

知らない間に経済的自立を達成していた

以上、長々と書いてきたことを端的に言えば、私は、知らない間に経済的自立（ファイナンシャルインディペンデンス）を達成していたのです。

経済的自立とは、文字通り経済的に自立して、もう働かなくてもお金に困らない状態のことです。なんだか、すごいことのように思えますが、実は、そんなに難しいことでもありません。**多くの人は、いつかは経済的自立を達成してしまう**のです。年金でなんとか生きている人は、経済的自立を達成しているのですから。

社会保障のシステムが高度に進んだ現代日本において、経済的自立、あるいは経済的自由は、「達成できるかできないか?」ではなく、「いつ達成できるのか?」ということが、いまや多くの人々の関心事です。

「インデックス投資で経済的自立や経済的自由を達成できるのかなあ」「時折、ふっとむなしく感じることがあるなあ」と考えていらっしゃる方もいるかもしれませんが、大丈夫です。早いか遅いかだけの違いです。私に関して言えば、インデックス投資は無駄ではありませんでした。早期退職優遇制度という、一生に一度あるかないかの「黄金の羽根」を「えいっ」とばかりに拾う決断ができたのは、インデックス投資を通じて積み上げた資産のおかげではないと思ってます。これまでお話ししてきたように、その資産は、あくまで老後の余裕資金であって、積極的にアーリーリタイアを目指すための資金なんかじゃなかったのです。

サラリーマン人生から飛び降りることができたのは、私自身の自由でお気楽な人生観もありますが、**インデックス投資を通じて得た知識があったからだった**、と今は確信しています。

再就職から完全アーリーリタイアへ

2015年に会社を辞めた私ですが、実は、2016年に一回再就職しました。会社の早期退職プログラムの中には、再就職支援会社さんの無料サービスが含まれていました。リストラする側の会社も世間体があるので、いまや、社会全体としてシステム化されています。解雇が難しい日本においては、スムーズにリストラができるような仕組みが完備されつつあるのです。

私の場合、雇用保険を気持ちよく受給すべく、再就職支援サービスを受けることにしていました。再就職支援会社さんでは、面接の練習では褒められるし（現役時代は、けっこう面接役もやっていたので得意でした）、インデックス投資ブログの運営で培った知識の賜物で、お金や再就職に関する知識もあったので、再就職支援サービスも楽しく受けていました。しかし、一つだけ、困ったことがありました。

紹介してくれる仕事の中に**「やりたい仕事がない」**のです。そうはいっても再就職活動をしないと、雇用保険はもらえません。そうこうしているうちに、1社、面接を受けることになりました。すると、人手不足よろしく、あっさり採用になってしまったのです。再就職支援会社の方に聞くと、50代の再就職は厳しい、何十社受けて、ようやく採用だと言われていました。実際、そうだと思うのですが、運命は皮肉です。

で、せっかくお話があったのに断るのも申し訳ないかなと思い、半年ほど勤めてみたのですが、ここで私は、人生50有余年にして、自分探しの結論を得ることになりました。

私は、サラリーマンには向いていない

アーリーリタイアを決断したときから、私は、思ったように生きることに決めていました。さらには、あやしかった母の状況が、さらにあやしくなったこともあり、再就職した会社も申し訳ないのですが退職して完全リタイアすることにしたのです。

アーリーリタイア＝仕事を辞める、ではない！

サラリーマンには向いていないと、ぼんやり思っていたのですが、やっぱり向いていなかった、ということが、人生後半戦にして、確認できたというお粗末な話です。そんな私が、30年以上サラリーマンをよくやっていられたものです。というか、私は、サラリーマンに向いているとすら思っていた時期もありました。

いったんリタイアしたんだけれど、結局またフルタイムで働き出した、というパターンをよく聞きますよね。アーリーリタイアして、最初は楽しくてしようがなかったが、やが

てやることがなくなってしまったみたいな。そういう人は、ひょっとすると、サラリーマンに向いていた人だったのかもしれません。しかし、私はそういう人ではありませんでした。

長く働いていると目に見えない疲労もある

もう一つ、アーリーリタイアして気が付いたことがあります。それは、**知らない間に見えない疲労がたまっていた**と言うことです。30年以上も働いていると、本人も気が付かない「見えない疲労」が蓄積されていたみたいなんです。

最初に会社を辞めてから、半年くらい休んだのですが、ちっとも疲れが取れていなかったんですね。『働かないって、ワクワクしない？』という本から得た知識なのですが、人間には、5～10年に半年くらいは、体力と気力と知力を取り戻すための充電期間が必要だというのです。もし、そうだとすると、私の場合、4～5年は、まとめて休みたいところです。リストラという人生の岐路に立ったとき、いったん休むという選択をした私は、その時は気が付いていませんでしたが、疲れていて、そのことが、こっそり背中を押したんだと思っています。

アーリーリタイアしても働いている

アーリーリタイアをすると、ちょっと困る質問に「今、何をやっているんですか？」というのがあります。これに対して、私は、躊躇なく「フリーランス（自由業）です」と答えています。

これは、単なる方便と言うだけではなく、実際そういうところがあって、「**好きなことをやっていても、それは働いているということである**」と、気が付いたんです。サラリーマンをやっていると、仕事に対して、妙に潔癖になってしまうところがあります。「これじゃ、仕事になってない」と考えてしまうのですね。でもそこまで厳しく考えなくてもいいんじゃないかと思うようになったのです。

たとえば、私はギターを弾いて唄うのが好きで、たまに外でも唄ったりします。完全にサークル活動です。しかし、考え方を変えれば、下手なのでお金がもらえないだけで、音楽家です。長年、投信ブログをやっていて、アーリーリタイアを機に、普通の人のための普通の投資の普及を願って、ブログをまめに更新するようになったら、本書を書かせていただくような機会までいただいてしまったので、文筆家でもあります。

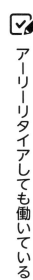

まさに自由業です。アーリーリタイアしてしまえば、収入があろうとなかろうと、いろんな人になることが出来ます。アーリーリタイアしても、無職ですというのは、あまりオススメできません。せっかく、経済的自立を達成したのです。フリーランスとして自立意識を持つことをオススメします。収入がなくてもフリーランスと名乗って大丈夫と考えるのが、自由人の発想です。

インデックス投資×アーリーリタイア×自由

戦後の庶民の人生というのは、

（1）勉強する
（2）サラリーマンとして定年まで働く
（3）年金生活者になる

というパターンが多かったと思うのですが、これにしたって、たかだか、半世紀くらいのライフスタイルです。私の場合は、ある日突然、リストラを申し渡されての受動的なアーリーリタイアでしたが、これからの時代は、この可能性をある程度人生設計の中に入れておく必要があるような気がします。

（1）勉強する
（2）サラリーマンとして働く。時に転職する。
（3）（早期退職して）独立して働く
（4）年金もらいながら一生働く

「いつかは、自由業（自営業）」。（3）と（4）の「働く」は、「働かされる」ではなく、「独立して**自分で意思決定して活動する**」という意味です。

アーリーリタイアに限らず、多くの人にはリタイアがやってきます。その時に何をするのか？　答えはカンタンです。**やりたいことをすれば良い**のです。ところが、やりたいことを見つけられない人が多いようにも思います。好奇心の力が、加齢とともに弱って行くのです。そう言う意味ではインプットが大切なんですよね。一般的には、学生時代に集中的にインプットし、サラリーマン時代は仕事に直結しそうなことをインプットするという感じだったと思うのです。でも、そういう目的意識、ある種の義務感に基づいたインプットではなく、面白いと感じたことを興味のおもむくままに、とことんインプットすること、そもそも、面白いと感じる心が大切なのです。

これまでお話ししてきたようにインデックス投資は、投資に時間をかけないですみます。おそらく、**インデックス投資という選択は、空いた時間の使い方こそが、本当の投資の部分なのです**。ぜひ、インデックス投資でできた時間を使って、本当にやりたいこと、ライフワークと言えることを発見する別の意味での投資にチャレンジしてみてはいかがでしょうか。

アーリーリタイアは究極の自己責任

私は、インデックスファンドを使った「普通の人による普通の投資」はオススメしていますが、アーリーリタイアはオススメしていません。「アーリーリタイアしようと思っているんだ」とか「早期退職しようと持っているけどどう思う?」的な話が出たら、自分はさっさとアーリーリタイアしといて何ですが、「止めておけ」と言うことにしています。

アーリーリタイアは、自己責任の度合いが高いのです。他人に相談する時点で、自己責任力が低いんですね。そんな人にオススメすることなんて到底できません。実際、アーリーリタイア（早期退職）をした人は、事後報告、あるいはあえて、周りに言っていない人が多いと感じています。自由になりたいと思う方は、多いと思いますが、自由というのは、向き不向きがあります。自由って、実は大変なのです。

自分自身に命令しない者は、
いつになっても下僕にとどまる。
ｂｙゲーテ

この言葉は、私がサラリーマンになったころ、聞いた言葉です。自分で自分に命令できる人、それこそが自由人。会社勤めだから自由がないとか、アーリーリタイアしたから自由だとか、そういうことではないのです。

私はサラリーマンをしていた時も、「**主体性を持って仕事に取り組めば、サラリーマンでも自由になれる**」そんな風に考えて仕事をしていました。それが許される会社だったことは、私のサラリーマン人生でラッキーだったことの一つです。今となっては、その当時の会社や上司に感謝しかありません。

第7章

世界一カンタン
ゆるトク出口戦略

ユルいけど正しい出口戦略

お金の運用は、大きく二つのフェーズに分けられます。(1)資産形成期(2)資産活用期です。資産形成期とは、働きながらお金をコツコツ貯めていく時期、資産活用期とは貯めたお金を使っていく時期です。実際は、資産形成期であってもお金を使うことはありますし、資産活用期であっても年金収入等に余裕があれば、資産を追加購入することはありますが、一般的なサラリーマンのパターンとしては、こういう大きな流れです。

資産形成をしている時は、お金が増えていきますし、人生の残り時間もたくさんありますから、ある意味わかりやすいのですが、お金を使うとき、どう運用すればいいか心配される方もいらっしゃるかもしれません。本章では、すでにアーリーリタイアしてしまい、資産活用期にいる私の視点から、「資産活用期の資産運用」の考え方を書いてみたいと思います。まず、最初に申し上げたいのは、一般的なリタイアをターゲットとした「出口」の戦略については「出口が近くなったら考える」で良いのではないのかということです。

出口戦略は出口が近くなったら考えればよい

人生というのはどうなるかわかりません。私自身で言えばアーリーリタイアがそうでした。出口が近くならないと、そもそも、資産活用期のお金の使い方を考えられないのが実際のところです。リタイア後に必要なお金というのは、いろいろなパラメータで成り立っています。前章で、私の事例を通じて書きましたが、私のように50代半ばにして、リタイアをすることになってしまう人もいるでしょうし、70歳になっても現役で働いている人もいるでしょう。

また、年金にしても、もらえる年金額は、これまでどれだけ社会保険料を納めたか、確定拠出年金や企業年金をどれだけ積み上げてきたか、によって決まり、納付期間のゴールが近付いてこないと見えてきません。巷《ちまた》には、平均の年金受給額なる数字が出回っていますが、自分のキャッシュフローを考える上では、何の意味もありません。大事なのは**自分と自分の家族がどれだけもらえるか？**なのです。

支出水準にしても、これまた、まさにひとそれぞれ。家族構成から始まって、消費のパターン、健康状態等々の複合条件で支出は決まります。これも、**巷にあふれるいろいろな**

モデルケースで考えたところであまり意味はなく、自分の例で考える必要があります。

実はそんなに心配ではない老後

私自身、いざ、リタイアしてしまった今となっては、老後をそんなに心配はしていません。老後が近付いて、ある程度見通しが立ってきたこともありますが、あるカンタンなソリューションを知ったからです。それは、**年金の受給開始を遅らせること**です。現行の制度では、1ヶ月受給を遅らせると0・7％年金の受給額が増えます。最大42％増しです。たとえば、月20万円の年金は、

1年遅らせると	21万6800円
2年遅らせると	23万3600円
3年遅らせると	25万400円
4年遅らせると	26万7200円
5年遅らせると	28万4000円

という具合に増えます。現在は、70歳までしか受給開始を遅らせることができませんが、

今後の少子高齢化社会の進展に向けて、さらに受給を遅らせることができるように制度を改革することも検討されています。もちろん、70歳まで働けない、働きたくないという人もいますから、選択制です。身もふたもない言い方をしてしまえば、できるだけ長く働ければなんとかなるのです。よく、**金融商品のセールスで、老後不安を理由にしているケースをよく見かけますが、そんな理由で金融商品を買った方が、かえって老後不安に陥ってしまうかもしれません。**

このように、出口戦略の決定要因は、出口に近付いてからじゃないとわからないところがあります。人生全体で考えなければいけない要素の影響があまりにも大きいので、出口が近付いてから、トータルな要因から考えれば良いと思います、

資産の使い方 3つの極意

資産活用期の運用方法については、心配する必要はあまりありません。その時から考えても間に合います。なぜなら、**資産活用期も資産運用のやり方は全く変わらない**からです。

違いは、資金流入がプラスからマイナスになり、取れるリスクが低下することだけで、本書の運用のやり方をそのまま継続すればよいのです。

①出口が近付いたら資産配分を見直す

資産形成期で最も重要なのは、リスクコントロールであるという話をしてきました。資産活用期においてもこれはまったく同じです。

違うのは、リスク許容度です。資産形成期と資産活用期でリスク許容度が同じであることは考えにくいです。収入がなくなれば（あるいは少なくなれば）、自ずとリスク許容度は下がるはずです。したがって、**出口が来る前までに資産配分（リスク資産の比率）を段階的に見直す**のが、セオリーです。

資産形成期においても5～10年に一度くらい見直しが必要であることは述べましたが、出口が近付いてきたら、出口の10年くらい前から、それまでの長期投資の経験を活かしつつ、できれば、マーケットが穏やかなときに出口向けの資産配分に変更しておくことをオススメします。出口まで10年あれば、1～2回は、マーケットのクラッシュがあると思うのですが、それに耐えられるかどうか、というのを冷静に見極めることもできます。

②資産のリスク許容度を一定に保つ

資産活用期になっても、リバランスは必須です。資産形成期と同じく、リスク資産の比率が変わらないようにしましょう。これは、後述しますように、特に資産活用期に暴落があった時に大きな意味を持ちます。もしも、暴落時にリスク資産の比率を戻さないと、肝心のリバウンド期のリターンが小さくなってしまい、長期のリターンが下がってしまう、下手するとマイナスになってしまうことになりかねません。**第5章まるごと暴落に耐える資産運用について書きましたが、この考え方が真価を発揮するのは、資産活用期なのかもしれません。**

③基本は、定率で取り崩す

理論的に考えるともっとも効率の良い考え方です。資産額は、長期的な運用利率で決まると考えるのが長期投資です。この運用利率に見合った金額だけを取り崩せばいいのです。

資産活用期の運用利率＝資産の運用利率－取り崩し率

たとえば、期待する資産の運用利率が3％、取り崩し率が4％だったとすると、資産活用期の運用利率は、長期的にはマイナス1％になると考えるのです。

ここが、「資産活用期も資産運用のやり方は全く変わらない」という考え方のポイントです。ちなみに、リターンがプラスマイナスゼロになるような比率で取り崩すことができれば、長期的には永遠に取り崩せることになります。実際は、永遠である必要はありませんから、少し余分の比率で引き落とせばいいわけです。

数式で考えると、なんだか良くわからない気分になってしまうかもしれませんが、「定率で取り崩す」ということは、お金がたくさんある時はたくさん取り崩し、少ないときにはそれなりに取り崩すことになるわけですから、そんなに小難しく考えなくてもリーズナブルなやり方であることがわかるでしょう。注意点は、**リスク資産の比率をリバランスし資産の期待リターンを保ったまま取り崩すこと**。でないと、この考え方の根拠である運用利率がぶれてしまいます。

使いたいときに使う でもほどほどに

以上、理論上は、定率で取り崩すのが効率的であるとご説明しましたが、現実は、そう単純ではありません。お金を「たくさん使うとき」と「使わないとき」があるからです。なので、定率を目安として規模感をつかんでおいた上で、あまり厳密に考えず、**「ほどほ**

どに使う」くらいのマインドで取り崩すのが現実的かな、と今の私は考えています。人生は有限です。これは個人差のある考え方なんですが、私は、使うべきときに使うべきだと考えます。普通の人にとっての投資は、お金儲けが目的なのではなく、生活品質（Quality Of Life）を向上させるための一手段に過ぎないのですから。

植物を育成するとき、実がなれば食べますし、不要な枝は切って燃料にしたりもします。でも、めったなことでは、幹を切ったりはしませんよね。そして、全部の実は食べないで、少しは種として残しておいて、蒔《ま》きます。そして一本の木は、やがて林になり、森になるのです。「育てる」とは、そういうものではないでしょうか。**途中、実を食べてしまっても、最後に、必要な分だけの実がなる樹木が残っていればいい**のです。お金も同じようにうまく使いながら育てたいですよね。

取り崩し始めた年に大暴落が起きたらどうするの？

定番の心配に、「資産形成を一生懸命したが、いざ、取り崩し始めた年に大暴落になったらどうするんだ」と言うものがあります。これは、インデックス投資に限らず、すべてのバイアンドホールド型の投資手法に当てはまることです。「だからリスク資産運用はダメ、大事な虎の子は預金だけで十分」とすら断言してしまう人もいます。

しかし、これは誤解です。「定率で取り崩す」というところで説明したように、**長期的には、資産はある運用利率に回帰していくはず**だからです。もちろん、未来は確実ではありませんから、リスク許容度という考え方があるわけです。

この誤解についても具体的なモデルを考えて説明してみることにします。資産の前提となる相場の条件は、以下です。「資産活用期が始まったとたん、いきなり暴落し、最後も暴落して終わった・・・」という、かなり悲しいケースを設定してみました。

・資産活用期、リスク資産が最初の年に暴落してマイナス50%になってしまった。
・その後、10年に1回は、暴落が発生した。
・評価期間最後の20年目もマイナス50%に株価暴落、元の金額に戻ってしまった。

具体的な数字でご説明すると、よりわかりやすいです。

・最初の年１万円だった株価が、１年後、５０００円に暴落。
・９年目にして、株価は、１万３３００円にまで復活するが、翌年６６００円に暴落
・19年目にして、株価は２万円にまで上昇するが翌年１万円に暴落して、元の木阿弥《もくあみ》。

20年間のリターンがゼロ％と、長期投資のシナリオとしては考えたくないケースです。
この場合で試算してみましょう。

【モデルケース】
・株１０００万円を20年間、前年末残高の年率３・６％で取り崩す
・貯金は、毎月３万円ずつ取り崩す。

定率３・６％は、総取り崩し金額が、全部、株だったケースにも、20年間で７２０万円になるように設定しました。株のリターンは、最後に元の株価に戻るように、調整してます。

・株の場合、最後の年には、残高９３２万円。
・貯金だけの運用であれば、残高２８０万円

資産活用期に暴落が来ても大丈夫！

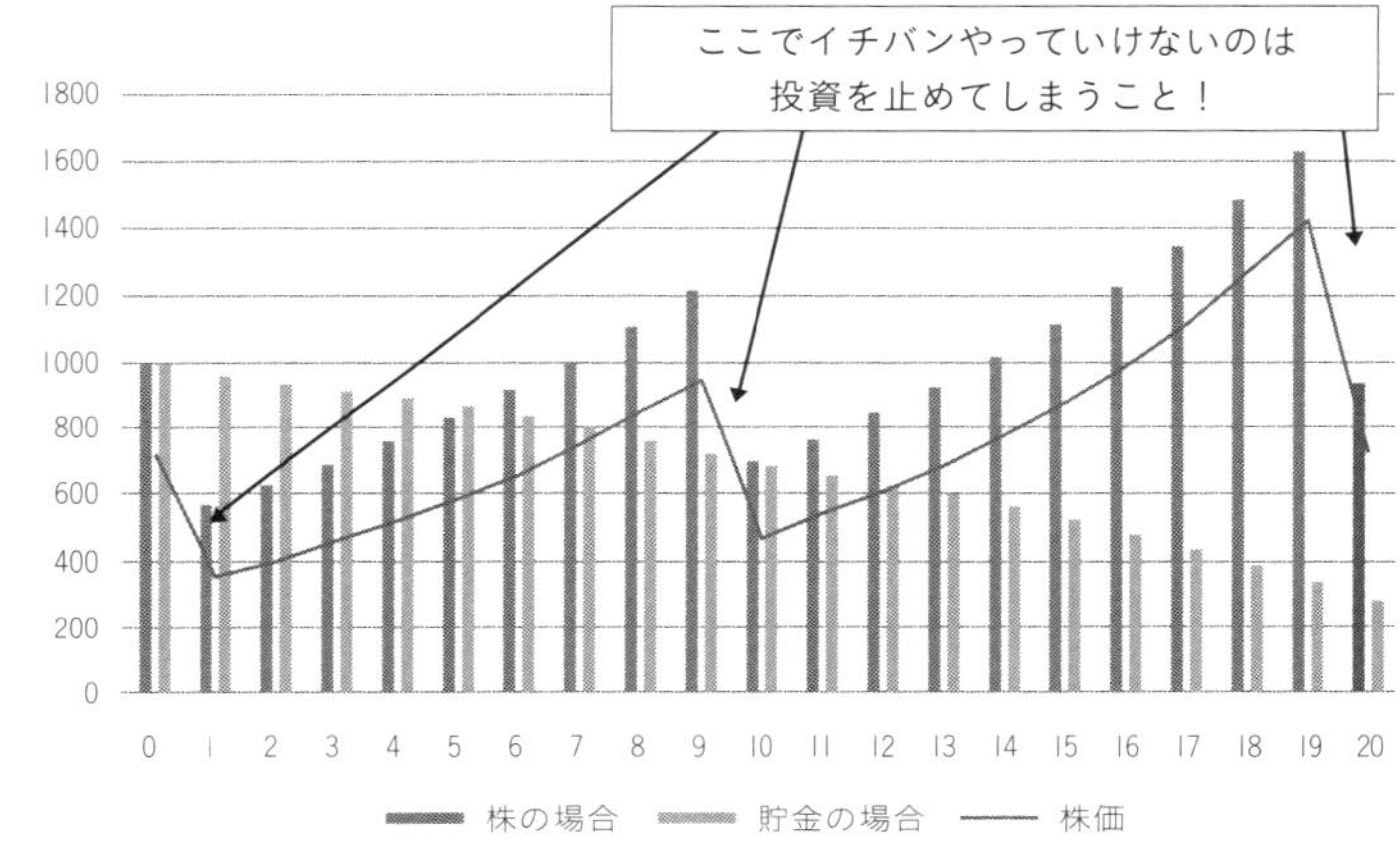

リスク資産である株の価格が暴落後に、リバウンドすることが効《き》いていることがわかります。

結局、資産形成時代と同じ

このカンタンな試算で説明したかったことは、株価の回復期の重要性です。いかに暴落を堪え忍ぶかです。

結局、資産活用期も市場に居座るか否かが、勝敗を決めます。資産活用期に本当に怖いのは、資産を取り崩し始めたとたんに、いきなり株価が暴落することではなく、**暴落期に投資を止めてしまうこと**なのです。資産形成期の極意の一つが、続けられるようなリスクにしておくことでしたが、資産活用期も、それは同じです。

本試算では、少々都合良く、一気に株価が回復していくように設定してはありますが、株の運用を貯金と見比べたとき、いったん大量得点を取られたチームが、コツコツと挽回していくというようなイメージを持ってもらえればうれしいです。

もう一つ感じ取って欲しいのは、「**資産活用期は思ったよりも長い**」ということです。下手をすると、資産活用期は、資産形成期よりも長かったりします。今、私はそれを実感し始めたところです。

と偉そうに言いつつ、私はそこまでカッチリやってません

偉そうに、「リスク許容度を出口に合わせて段階的に下げていくべきである」と書いてきましたが、私がそんなに上手くできてきたわけではありません。

20〜30代のころは、持ち株会はやっていたとは言え、まだ金利が高いころでしたから、ほとんどが預金です。資産形成を始めたのが39歳で、そのころは長期投資のガイドなんてなかったですから、5年くらいの試行錯誤の後、今のようなスタイルに到達しました。その時すでに40代半ばです。そうこうしていたら、リーマンショックが訪れてしまったわけです。そこに至って、ようやく、私は開眼しました。そして、次の3つを自分の資産管理の基軸にしたのです。

(1) 給料をもらっているうちは、ひたすら積み立てる。
(2) 生活防衛資金もひっくるめて全財産で管理する。
(3) 全財産をリスク資産：無リスク資産＝1：1でリバランスし続ける。

この上なく、超シンプルです。で、このとき私が思ったのは、「一生これで行こう」ということでした。

一生カウチポテト仮説

その昔、リスク資産と無リスク資産の比率を半分ずつというカンタンな比率にする運用方法のことを「カウチポテトポートフォリオ」と呼んでいる人がいました。ポテトチップをほおばりながら、カウチ（ソファー）に寝そべって、だらだらテレビを見ていることを、カウチポテト族と呼んでいたのですが、それになぞらえた言い方です。今や、死語かもしれません。

で、私は、思ったわけです。

「もう人生だいぶ終わっちゃったけど、ひょっとして一生これで良かったんじゃないの？」

生活を回転させるのに必要な最低限のお金を除く全金融資産を一括して管理しておけば、自分がトータルとしてリスクをどの程度取っているか把握できます。ここで言う全財産とは、長期の運用資産だけではなく、来年買う予定の車代だとか、学費だとかをひっくるめたお金です。

一般的には、若いうちは、「株式は多め、年をとったら徐々に減らす」という考え方が主流です。でも、もし、全財産で考えるなら、一生、リスク資産と無リスク資産の比率を1：1にしても良かったんじゃないかと思いついたのです。名付けて、「一生カウチポテト仮説」

です。

たしかに、若いうちはリスクを取ることができますが、全財産で考えるなら、その中には、結婚資金や持ち家の頭金にするための貯金など、中短期で使うお金も含まれます。そして、全体の資産規模も小さいです。とするとがんばって500万円貯めたとしても、小心者の私としてはリスク資産を80%も投入できる気がしません。250万円は取っておいて、せいぜい半分くらいじゃないだろうか、と思ったのです。

お金を使ったとき、一時的に1：1は崩れるかもしれませんが、資産規模が小さいこともあって、もとのポートフォリオに戻すのにもそんなに時間がかかりません。若いうちは本業の仕事で大きなリスクを取っているケースも多く、そういう意味でも、資産のリスク許容度が低い場合もあるでしょう。一方、歳を取ってくると、資産規模も大きくなってきて、ポートフォリオ変更の取り回しも悪くなりますし、そんなにリスクをとれるわけではありません。

で、ポートフォリオをあれこれ考えず、一生、リスク資産：無リスク資産＝1：1のカウチポテトポートフォリオでいいような気がしてきたのですね。

また、カウチポテトポートフォリオの最大の利点は、「資産管理がカンタンなこと」で、リスクもそんなに取っていないので、私のような平凡なサラリーマンにとっては、資産運用を長続きさせる効果もあります。

もちろんこれは、私個人の考える仮説ですが、「一生カウチポテト」が、出口戦略を含む、私の一生分の投資方針になったのです。第６章でお話ししたように、その後、アーリーリタイアしてしまったためにこの状態は多少崩れてはいます。優遇退職金をもらい、その分は、年金受給までの生活費としてストックすることにしたからです。ですが、資産運用自体の考え方は、同じです。

(１) アーリーリタイア後、年金受給開始までの生活費は、貯金で支える。
(２) 運用資産はカウチポテトポートフォリオのまま一生運用する。

「一生１：１じゃ儲からない、やっぱり、もっとリスクを取るべきだ」という考え方もありますが、「儲けすぎない、ほどほどに」。これこそが、私にとっての長期投資のベーシックな立ち位置なのでした。

私の取り崩しは配当金重視型

さて、合理的な出口戦略として、本章の前半では、定率での取り崩しをオススメしました。ただ、私の場合は、ちょっと違うやり方をしています。

(1) リスク資産をETFにして、分配金(配当)を使う。
(2) 大きな支出があったときは、躊躇なく運用資産を使う。

このやり方、合理性から考えると、分配金に税金はかかるし、必ずしもオススメできる方法論ではないので、一つの考え方として捉えていただければ、と思います。私が、この考え方を採用しようとしている理由は、二つあります。

一つは、多少無駄があっても、取り崩し方を単純化したかったこと。もう一つは、高齢化による運用力の低下に備えるためです。私だって、後期高齢者くらいになれば資産運用できない状態になっているかもしれませんし、私の死後、私の妻もリスク資産の運用はできないと思います。おそらくリバランスもできないでしょうし、売っていいか悪いかも判断できないと思いますので、完全放置になります。完全にほったらかしはダメと書きましたが、ほったらかさざるを得ない状態が来たときは、分配金（配当金）だけ、見ていようと考えています。それすらできなくなっていたら、単純に放置型の遺産になるはずです。

まったくの「ほったらかし」はありえない

「長期投資では時間が大事」、「インデックスファンドとつみたてＮＩＳＡ制度を活用した投資であればハードルは低いので、なるべく早く始めよう」という論調で、本書の前半、述べてきました。ただし、注意事項があります。それは、

「まったく勉強しない」もありえない

ということです。もし、完全にほったらかしたままで、勉強せず投資のことをきれいさっぱり忘れてしまったら、本章で取りあげたような資産活用期の暴落に耐えられず、「あー、

だまされた」と恨みながら余生を過ごすことになりかねません。

少額の積立てによるインデックス投資は、つみたてＮＩＳＡ制度など、今や、道具立てが揃い、あんまり勉強しなくてもできます。しかし、**勉強しないのはリスク資産を運用する上で危険ですし、第一、もったいない**のです。経済の知識や金融リテラシーを来たるべきリタイア時代に備えて、あるいは現役時代を謳歌するために身に付けるべきです。株式投資での損もいやですが、知らないことで生活面での損が出るかもしれないのです。

マーケットも見ておくべきです。インデックスファンドと言ってもリスク資産です。相場を見ていると面白いですし、長期金利などマーケットを見ておかなければ、判断できないこともあります。生活と経済は密着しています。経済は、メディアの解説ではなく、情報ソースの数字で判断できるようになっておいた方が良いと思いませんか？

リスク資産の中身も経済情勢が変われば、変える必要が出てくる場合もあるでしょう。そのためにも勉強は必要です。インデックス投資でスタートした方でも、株式投資本来の姿である個別株投資に向かう方もいらっしゃるかもしれません。私が、個別株投資をするのを止めたのは、自分自身のスキル不足と物事に対する考え方、投資の目的が普通のリタイア資金作りにあったことなどから、インデックス投資に落ち着いたためですが、それとは違う投資のやり方も当然あります。

出口戦略の根幹は金融リテラシー

バイアンドホールド型の資産活用において重要なことは、ひたすらホールドすることでした。しかし、普通の人がこのカンタンなワザを体得するには、10年、20年の投資経験と、その間に起こる何回かの暴落体験が必要だと私は感じます。そして、その実体験で培われた金融リテラシーこそが、出口戦略の根幹です。つまり、**そのワザを身に付けたあなた自身が出口戦略の要《かなめ》となる**のです。本章の冒頭で、出口戦略は出口が近くなってから考えればいいと申し上げたのは、このことでもあります。その時になれば、その時の自分の状況に応じて、どういう運用をすればいいか、自ら考えられるようになっているはずです。

リタイア後は、どんなかたちにせよ資産運用をすることになります。最後は、みんな自立した投資家です。私は、インデックス投資を始めた人が、投資や経済に興味を持って、来たるべきリタイア時代を乗り切るための智恵と勇気を手に入れることを願っています。

おわりに・・・インデックス投資をブレずに続けるコツ

私が投資を始めたのが、2000年です。このとき、ふっと思いついて投資を始めたわけですが、もしも、投資をしていなかったらどうなってたのかなあ、と考えることがあります。はっきり言えるのは、アーリーリタイアという選択はなかったんだろうな、ということです。投資をしたからアーリーリタイアできるわけではありませんが、投資をしてなかったら、アーリーリタイアはしてなかったと思います。

本文中にも書きましたが、その最大の理由は、長期投資の経験で培った金融リテラシーです。**ある金額のお金があって、大丈夫と思えるかどうか**。投資をしていなかったら、そんな金融リテラシーは身につかなかったでしょう。おそらく「お金が足りない」と考え、別の道を選んでいたと思います。

投資活動で得た金融や経済に対するリテラシーは、仕事にもポジティブにフィードバックを与えています。証明は困難ですが、早期退職時の割増退職金も含めた収入、つまりアーリーリタイア資金の元手にもプラスの効果があったはずです。

もう一つの理由には、投資が怖いと思うような性格では、アーリーリタイアというリスクの高い選択も難しかったかもしれないという点もあります。

投資と人生は似ている

人間、生きていると、必ず、転機とかチャンスがめぐってきます。ところが、私もそうだったのですが、その転機やチャンスは、時に危険を伴うネガティブでリスキーなことにも見えたりします。でも、そこで選ばなければ、成長なりステキな出会いなり新しい展開なりが、遠ざかることもあります。

リスクを取って人生のチャンスをつかもうとするマインドと投資をするマインドって、本質的に同じモノではないでしょうか。人生だってギャンブルみたいなところは多々あります。そう考えれば、**投資のリスクなんて、コントロールできるんですから、たいしたことはありません。**

楽しめる投資＝続けられる投資

本書では、普通の人でもできる、いえ、普通の人だからこそできる「お金の増やし方」について、「始め方」「続け方」、そして、「終わらせ方」まで、一通りお伝えいたしました。私の経験で得た長期投資のアイデアもできうる限り、盛り込んだつもりです。みなさまの長期投資の仕組み作りのお役に立てたとしたら幸いです。

とてもカンタンなインデックス投資も、ぶれずに続けることは、なかなかに難しいのです。続けるために大切なのは、楽しむことです。楽しいことこそ、長続きの秘訣です。投資を楽しみましょう。「世界一ラク」なインデックス投資が、本書をお読みいただいたあなたにとっての「世界一楽しいお金の増やし方」になることを願ってやみません。

長期投資の旅は長い。
私もまだまだ楽しみます。

2018年5月

（インデックス投資ブログ界の仙人こと）NightWalker

参考文献の一覧

本書に登場した参考文献

『敗者のゲーム』

（日本経済新聞出版社、チャールズ・エリス）

『ピーター・リンチの株で勝つ』

（ダイヤモンド社、ピーター・リンチ 、ジョン・ロスチャイルド）

『働かないって、ワクワクしない？』

（ヴォイス 、アニー・J・ゼリンスキー）

iDeCoやNISAについて詳しく知りたいときの参考文献

『税金がタダになる、おトクな「つみたてNISA」「一般NISA」活用入門』

（ダイヤモンド社 、竹川美奈子）

『一番やさしい！ 一番くわしい！ 個人型確定拠出年金iDeCo（イデコ）活用入門』

（ダイヤモンド社、竹川美奈子）

『“税金ゼロ"の資産運用革命 つみたてNISA、イデコで超効率投資』

（日本経済新聞出版社、田村正之）

個人投資家目線の書籍を読みたい場合はこちらもどうぞ

『毎月10分のチェックで1000万増やす！ 庶民のためのズボラ投資』

（ぱる出版 、吊ら男）

『お金は寝かせて増やしなさい』

（フォレスト出版、水瀬ケンイチ）

NightWalker（ないとうぉーかー）

インデックスファンド、ETFがメインの個人投資家。投資ブログ「NightWalker's Investment Blog」を運営し、「普通の人のための普通の投資」の普及を願って、日々、メッセージを発信中。

1984年、普通にサラリーマンになり、39歳の時、ネット証券で株式投資を始め、同時期に投資信託の積立を開始。2015年に退職勧奨を契機に投資で築いた運用資産と優遇退職金で早期退職を決断。ちょっとだけ再就職するもサラリーマンに向いていないことにいまさら気付き、完全アーリーリタイア。

自身が運用中のポートフォリオは、日本株はETF、外国株式は先進国インデックスファンドが中心で、無リスク資産を50%にしたリスク抑えめのカウチポテト運用。

【ブログ】NightWalker's Investment Blog
http://nightwalker.cocolog-nifty.com/

世界一《せかいいち》ラクなお金《かね》の増《ふ》やし方《かた》

＃インデックス投資《とうし》はじめました

2018年6月7日 初版発行

著者 NightWalker
発行者 常塚嘉明
発行所 株式会社 ぱる出版

〒160-0011 東京都新宿区若葉1-9-16
03（3353）2835—代表 03（3353）2826—FAX
03（3353）3679—編集
振替 東京 00100-3-131586
印刷製本中央精版印刷（株）

ISBN978-4-8272-1127-6 C0033